하늘과 바다와 세상의 꿈

하늘과 바다와 세상의 꿈

우희정 수필선

좋은수필사

■책머리에

수필은 누구나 부담 없이 읽고, 마음만 먹으면 직접 쓸 수도 있는 가장 친근한 문학이다. 다른 영역의 문학이 영상매체에 밀려 신음하고 있는 중에도 수필 인구만은 날로 증가하여 바야흐로 수필 전성시대를 구가하고 있는 이유도 거기에 있을 것이다.

시대적 추세에 힘입어 수많은 수필전문지, 수필동인지가 창간되고, 이에 비례하여 신진 수필가도 날로 늘어나다 보니 이제는 그 많은 작가, 그 많은 작품 중에서 문학성 높은 작품을 가려 읽는 일이 쉽지 않게 되었다. 이런 현상은 작가에게나 독자에게나 결코 바람직한 일이 아니다. 더 나아가서는 수필을 연구하는 후세들에게도 큰 부담이 될 것이다.

이런 문제를 해결하는 데는 출판인도 마땅히 한몫을 감당해야 한다는 평소의 소신에 따라, 본사가 기꺼이 그 역할을 맡기로 했다. 그 첫 번째 사업으로 시대를 대표할 만한 수필가 100인을 선정하고, 작가가 자선한 40편 내외의 작품을 수록한 문고본을 발간하여 이를 널리 보급함으로써 그 소임을 다하고자 한다.

본사는 사명감을 가지고 이 사업을 추진해 나가기로 했다. 작가 선정을 전담할 편집위원회를 구성하고 전권을 위임하여 일체의 사적인 정실이나 청탁을 배제함으로써 전문성과 공

정성을 확보해 나갈 것이다.

따라서 이 기획물 속에는 작가의 문학정신뿐만 아니라, 본사의 문학사적 기여 의지와 편집위원 제위의 수필문학에 대한 애정과 문인으로서의 양심이 함께 담겨 있음을 자부한다. 다만, 작가를 선정하는 기준에는 많은 견해의 차이가 있을 수 있고, 선정 과정에서도 미처 챙기지 못한 부분이 있을 것이라는 사실만은 인정하지 않을 수 없다. 이 점에 대해서는 관계자 여러분의 양해 있으시기 바란다.

이 시리즈의 발간 순서는 작가, 또는 본사의 사정에 의한 것일 뿐 그 밖의 어떤 기준도 적용하지 않았음을 밝힌다.

본 기획물이 시대를 초월한 많은 수필 애호가들의 관심과 애정 속에 우리나라 수필문학 발전에 한 이정표가 되기를 바랄 뿐이다.

2011년 8월

좋은수필 발행인 서 정 환

현대수필가 100인선 간행 편집위원 박 재 식 최 병 호

정 진 권 강 호 형

변 해 명

1_부

2_부

3_부

4_부

1부

그해 여름

남쪽으로부터는 연일 갈증을 호소하는 소식이 북상하고 있었다. 그런 여름날, 나는 밤 열차를 탔다.

내 나이 스물일곱.

산다는 것에 대하여 절망하기에는 아직 이른 나이였다. 하지만 일곱 빛깔 무지개로 영롱히 빛나야 될 내 청춘에 검은 장막처럼 내려진 어두움. 영원한 별리 앞에서 나는 끝없이 절망스러웠다.

그것에 덧보태 열차가 출발하자마자 코를 고는 옆자리의 아저씨와 "죽어도 고!"를 외치며 화투놀이 하는 사람들의 떠드는 소리가, 어두운 굴 속으로 빨려들며 금속성을 내는 열차가 나를 점점 더 깊은 절망 속으로 밀치고 있었다.

객차 안은 다양한 세상사가 섞여 삐걱이며 굴러가고 있었다. 이탈할 것같이 뒤죽박죽인 삶을 끌어안고 열차는 끝없는 평행선을 그렇게 달려갔다.

기차역과 담 하나를 사이에 두고 있는 할머니댁은 텃밭을 낀 전형적인 시골집이었다. 주인의 모습보다 더 연륜이 쌓인 축담과 형식뿐인 대문으로 들어서자 정적이 감돌았다. 옆집으로 마실 가신 할머니를 대신해 집을 지키던 누렁이가 섬돌에 그대로 엎드린 채 세상사를 달관한 표정으로 눈만 껌벅거렸다.

나를 반겨준 것은 텃밭을 마당삼아 심어진 여러 종류의 과실나무였다. 젊은이들은 모두 떠났지만 그렇듯 무릉도원 같은 전원 속에서 할머니는 사셨다.

내가 머무는 동안 여름 볕에 달구어진 마당을 에워싸고 있던 감, 석류, 모과, 은행은 각각 자신의 열매를 영글리느라 내게 눈빛조차 보내지 않았다. 그 중 모진 풍상 다 겪은 모습으로 내 눈을 끄는 게 있었다. 나지막하게 벙글린 가지에 큰 잎사귀 사이사이마다 조신하게 열매를 맺은 무화과나무였다.

꽃을 피우지 않고 열매를 맺어 무화과無花果라 했는가.

잘 익은 열매를 하나 톡 따면 아픔 같은 젖빛 액체를 흘리는 나무. 그 젖빛 액체에서 전해지는 끈적한 아픔 때문에 나는 더 절망스러웠다. 살짝 벌어진 속으로 보이는 꽃잎 같은 속살, 연분홍빛의 발그레한 속살을 한입 베어 물면 시린 듯 달콤한 맛 또한 나를 눈물나게 했다.

그러나 나는 그렁그렁 고이는 눈물을 흘리지는 않았다. 아직 눈물이 남아 있다는 것은 희망이 있다는 의미가 아닐까.

내게도 정말 희망이 있는 것일까?

할머니는 무화과나무 아래에서 하루해를 소일하는 내가 보기 딱했는지 여수행 열차의 시간에 맞추어 내 등을 밀어내셨다.

오동도 방파제에서 한나절 바다를 향해 앉아 있었다.

옛날 옛날 한 옛날, 어느 여인이 바다로 나간 남편을 기다리다 망부석이 되었다던가…….

그럼 나는 누구를, 무엇을 기다려야 할까. 기다림의 대상이 없다는 것은 또 얼마나 절망적인가.

오래도록 앉아 있던 나는 태양보다 더 뜨거운 사람들의 눈길 때문에 자리를 털고 일어섰다. 어차피 그곳이 내 목적지는 아니었으니까.

연락선은 나를 태운 지 한참 만에 낭도라는 섬에 내려 주었다. 저만치 마중 나오는 통통배가 물을 가르며 다가오고 있었다. 내가 찾아가는 곳은 낭도에서도 10여 분 더 가는 무인도였다. 그곳에는 멸치잡이를 하는 세 부부가 있었다. 그들은 겨울에는 여수에 있는 본집으로 모두 철수하고 봄부터 가을까지는 이곳 토담집에 살며 멸치잡이를 하고 있었다. 바다에 그물을 쳐놓고 물때에 맞추어 멸치를 거두어 오면 여인들은 그것을 쪄서 말리는 것이었다.

다음날부터 바다와 가장 가까운 높은 바위에 나도 망부석이 되기 위해 나가 앉았다. 바다를 향해 바위에 앉으면 오른쪽으로는 고흥반도가 보이고 앞쪽 망망한 물결 저 너머에 마라도가 보이는 듯했다.

희망 없는 기다림에 지치면 나는 섬을 몇 바퀴 돌다가 옷을 입은 채 바다 속으로 들어가고는 했다. 차츰차츰 빨리듯 깊이 들어가다 눈앞에 밀려드는 밀물을 보고 울컥 솟는 두려움에 뒤돌아보면 개펄에 남아 있는 내 발자국과 그들의 삶이 그림처럼 보였다.

여기저기 널린 은모래 빛 멸치, 한 코, 한 코 그물을 깁고 있는 조금은 억세 보이는 여인, 오랫동안 그의 남편과 생사고락을 같이 했을, 그러나 지금은 한유롭게 쉬고 있는 낡은 목선이 섬을 배경삼아 소품으로 각자의 위치에 있었다.

그들은 하루에 두 번 바다로 나갔다. 간조에 맞추어 나간 그들이 돌아올 때면 아낙들은 분주해지기 시작했다. 커다란 가마솥에 물을 끓이고 정적 속에서 움직임이 살아나기 시작했다. 운 좋게도 싱싱한 횟감이 낚인 날은 그대로 해변가에 나앉아 작은 잔치가 벌어지고는 했다. 푸른빛이 도는 갈치회와 막소주, 그리고 그들의 검게 그을린 얼굴은 묘한 조화를 이루어 생동하고 있었다. 걸쩍지근한 농지거리와 높낮이가 다른 웃음 속에는 뭍에 두고 온 가족들과 따스한 겨울을 위한 희망이 담겨 있었다.

그들인들 왜 절망이 없을까. 수시로 높아지는 파도와 아침저녁 눈에 밟히는 어린 것의 모습, 금쪽같은 멸치와 바꾸어지는 보잘것없는 지전 앞에서 느끼는 자괴감 등을 소박한 웃음의 한귀퉁이에 묻고 있는지도 모른다.

그들 중 김씨의 모친은 꽃다운 시절에 남편을 바다로 보내고 아직도 망부석이 되지 못했다고 한다. 그 말 속에는 나를 향한 무언의 압력도 있었다. 섣불리 망부석 되는 길을 포기하라는…….

여름이면 원망스런 파도와 잦은 바람 소리에 귀를 곤두세우면서도 손자들의 웃음소리에 위안받으며 손을 꼽는 김씨의 모친. 이제는 남편이 아닌, 겨울과 함께 돌아올 아들을 기다리고 있을 얼굴도 모르는 그의 어머니 모습이 떠올랐다. 자세히 보니 그 모습은 나를 기다리는 내 어머니의 얼굴이기도 했다.

'그래, 날이 새면 돌아갈 길을 준비하리라.'

뚜우…….

꿈결처럼 뱃고동 소리가 들려왔다.

피문어 두 마리와 멸치 한 봉지를 내밀며 아낙이 소연하게 웃었다. 햇볕에 그을린 얼굴에 유난히 흰 치아가 가지런했다.

"산다는 게 다 그런 것이여라."

통통배의 발동기 소리를 밀쳐내듯 아낙이 크게 소리쳤다. 도착하던 첫날 던진 내 물음에 대한 일주일 만에 나온 그녀의 대답이었다.

기적汽笛

그곳은 이름도 생소한 '병점'이라는 작은 간이역이었다. 늙수그레한 역무원 혼자 표를 팔고 개찰을 하는 간이역 대합실에 나는 홀로 우두커니 앉아 황사바람이 훑고 다니는 바깥 풍경을 바라보고 있었다. 너무 황당하고 삭막해서 울고 싶은 심정을 스산한 바람이 헤집고 지나다녔다.

이따금 기적을 울리며 다가오는 열차를 기대에 찬 눈으로 바라보면 기세 좋게 그냥 지나치는 특급열차였다. 그래도 기적은 포기할 수 없는 희망이었다. 폭풍 몰아치는 언덕에 홀로 선 듯 윙윙거리는 바람 소리에 끝없이 절망하면서 그래도 버틸 수 있었던 것은 그 작은 간이역에도 희망처럼 하루에 몇 번 정차해 주는 완행열차가 있었기 때문이다.

초등학교 졸업 후 상급학교 진학을 못하고 무기력한 절망감으로 하루하루를 보내던 나른한 오후, 뜻밖에 한동안 소식 없던 아버지로부터 편지 한 통을 받았다. 그 편지는 나로 하여금 소공녀의 꿈을 궁굴리기에 족했다.

그날 이후 내 마음은 바람 넣은 풍선처럼 부풀어 올라 수시로 아버지를 향해 천릿길을 치달리곤 했다. 그런 나를 꿰뚫어본 외할아버지는 어느 날 내게 말없이 차표 한 장을 쥐어 주셨다.

주소만 달랑 들고 나서는 어린 나를 할아버지는 못내 불안해 하셨다. 그런 할아버지께 나는 어른스레 걱정하지 마시라고 웃어 보이기까지 했다. 기차를 태워주며 갈아탈 곳을 몇 번이고 확인하시는 할아버지의 눈은 애지중지하던 손녀를 떠나보내는 아쉬움과 그동안의 애정에도 아랑곳없이 제 아비 찾아간다고 나서는 나에 대한 서운함이 섞여 갈잎처럼 서늘해 보였다.

나는 짐짓 모른 체하며 손을 흔들었다. 사실 그랬다. 암담하기만 한 그곳에서 탈출하고 싶었다. 그즈음에는 보리밭 이랑에 넘실대던 아지랑이도 지겨웠고 마냥 좋아했던 진달래의 분홍빛조차도 싫었다.

밤새워 달린 기차는 다음날 아침에 도착했다. 그곳에서 다시 신탄리행 열차로 갈아타야 했는데 남쪽을 향해 되짚어가는 부산행 열차를 도로 탔던 것이다. 혼자서 떠난 여행의 첫 실수였다. 이후 나는 내 인생의 긴 여행에서도 여전히 이런 실수를 되풀이하고 있다.

수원을 지나서 표검사를 받으면서 잘못 탄 것을 알고 서둘러 내린 곳이 병점이었다.

그곳 병점에서 한나절을 보내고 외등에 불이 켜질 무렵 나는 다시 서울로 오는 완행열차를 탈 수 있었다. 그러나 그것으로 내 꿈을 찾아가는 여행이 끝난 것은 아니었다. 그 열차의 종착역이 내 목적지는 아니었던 것이다.

서울로 돌아와 보니 신탄리행 막차는 이미 떠난 뒤였고 버스를 타고 물어물어 주내라는 곳에 도착했을 때는 밤이 깊어 있었다.

버스가 나를 내뱉듯 내려놓은 자리에서 나는 또다시 입을 다물기 어려웠다. 캄캄한 어둠에 온몸이 얼어붙었다.

전혀 상상 밖의 광경이었다. 어디선가 희미하게 흘러나오는 불빛에 정신을 차려보니 온종일 나를 묶어두었던 그 간이역보다 더 작은 역만이 적막에 싸여 있을 뿐이었다. 소공녀의 꿈이 여지없이 깨어지는 순간이었다.

썰렁한 풍경에 나는 갑자기 춥고 배가 고팠다. 두려움에 가득 찬 나를 향해 얼마쯤 떨어진 곳에 있는 이발소의 주마등이 손짓하고 있었다. 눈이 번쩍 뜨였다. 앞뒤 생각할 겨를이 없었다. 따스한 불빛만으로도 위로가 되었다. 그 순간만은 '마녀의 집' 등불이라도 상관없었다.

겁에 질려 문을 밀며 목만 길게 빼고 길을 묻는 내게 맘씨 좋아 보이는 아저씨가 달려 나왔다. 야밤에 연락도 없이 이 먼 길을 어떻게 찾아 왔느냐고 놀라며 반기는 그분은 내게 5촌 당숙이라고 했다.

캄캄한 어둠을 헤치고 인적이 없는 길을 당숙이 앞서 걷기 시작했다. 당숙이라고는 하지만 처음 보는 아저씨의 뒤를 따르는 내 앞에 구름을 비집고 비죽이 나온 달이 푸른빛을 띠고 괴괴한 웃음을 흘리고 있었다. 아저씨의 커다란 그림자가 길게 누워 흔들렸다.

어디로 가는 것일까? 과연 나는 그토록 목마르게 그리던 내 목적지를 향해 잘 가고 있는 것일까.

들길을 지나 개울을 건너고 산모퉁이를 돌면서 혹시 이 길이 잘못 들어선 길이 아닌가 하고 뒤돌아봤지만 아무것도 보이지 않고 이미 지나온 자리엔 어둠만이 가득했다.

내 두려움을 아는 듯 당숙이 어렸을 적 이야기를 했다.

"네 탯줄은 내가 갈랐지."

당숙의 그 말에 달빛 속에서 엄마의 목소리가 아삼하게 들려왔다

"너 낳을 때 의사도 없는 산골에서 난산으로 꼭 죽는 줄 알았니라. 얼마나 다급했던지 사촌 시동생인 성흠이 아재가 의사 노릇을 했지. 시동생이고 뭐고 창피한 것도 없더라."

앞서가는 당숙의 등이 따뜻해 보였다.

저만치서 땅에 떨어진 별들이 나를 향해 두 팔을 벌리고 있

었다. 산자락에 안긴 동리로 들어서자 허술한 삽작문을 밀며 당숙이 소리쳤다.

"형님! 누가 왔는지 보우."

환하게 웃는 아버지 옆에 젊은 새악시가 아버지를 똑 닮은 아기를 안고 서 있었다. 캄캄한 어둠이 내 주위로 내려앉았다.

뿌연 안개 속으로 훠이훠이 한 소녀가 걸어가고 있는 것이 보였다. 멀리서 환청인 듯 아련히 기적소리가 들려왔다.

고등어

'차르륵 탁탁.'

광고지를 끼우는 손이 기계처럼 움직인다. 작업이 끝난 신문은 네 귀퉁이를 반듯이 맞춰 일정 분량씩 지그재그로 차곡차곡 오토바이에 실린다.

새벽 3시, 막 보급된 신문은 잉크냄새가 향긋하며 갓 지은 밥처럼 따끈따끈하다. 모두들 잠들어 있는 시간, 신문을 배달하는 손길이 바쁘다.

폭설이 내리던 어느 날, 신문보급소에 배달 나갔던 소년이 울면서 들어섰다. 소년의 볼은 빨갛게 얼어 있었고 눈물로 범벅이 된 모습은 제 또래 아이들이 따스한 잠자리에 있을 시간이라 보는 이의 마음을 안쓰럽게 했다.

겨울 산동네 비탈길은 더욱더 강파르다. 이 길은 무거운 리

어카를 거부하는 몸짓으로 청소부아저씨를 애태우기도 하고 신문을 돌리는 어린 소년까지도 울리는 애환의 고개이다.

평지는 오토바이를 타는 고참들이 배달을 하고 자전거도 못 들어가는 좁은 골목은 어린 중학생, 막내들 몫이다. 빙판진 오르막길은 그냥 오르기도 힘든데 신문을 어깨에 지고 오르자면 멍에를 멘 소가 무거운 달구지를 끄는 것만큼 힘이 든다. 거기에다 연말연시면 쏟아지는 백화점 컬러광고지는 신문의 무게를 곱절로 만들기도 한다.

그날따라 누구네집 발바리가 신문을 돌리는 소년을 얕잡아 보았는지 앙칼지게 짖으며 덤벼들었다고 한다. 쫓기듯 발을 내딛던 소년은 헛발을 디뎌 다리를 접질렸다. 미끄러운 눈길에 신문은 무겁고 삔 다리는 아프고, 너무나 자신의 처지가 서글퍼 울었다고 했다. 한창 사춘기를 핑계대며 어리광을 부릴 때인데 부모 없이 가장 노릇하느라 뜨거운 눈물을 흘리는 그의 고달픔에 마음이 쓰렸다.

그날 이후 나는 서럽게 울던 소년의 모습이 지워지지 않고 무시로 떠올라 우울했다.

그런데 어느 청명한 새벽, 배달을 마치고 집으로 돌아가는 소년을 우연히 만났다. 언제 그런 일이 있었냐는 듯이 씩씩하게 산동네 언덕을 오르고 있는 소년의 손에는 검정 비닐봉지가 들려 있었다. 내 눈이 봉지에 멎자 소년이 멋쩍은 듯 씨익 웃었다.

"고등어니?"

지난가을 할머니가 좋아하신다고 동네 어귀 좌판에서 고등어를 사고 있던 소년의 모습이 떠올랐기 때문이다. 소년은 대답 대신 한 번 더 수줍은 듯 웃고는 몸을 돌렸다. 먼동이 터오는 길로 사라지는 소년을 바라보았다. 뒷모습이 성화의 한 부분인 양 아름다웠다.

나는 그 한 마리의 고등어가 충분히 할머니를 따스하게 하고 소년에게는 힘을 줄 것 같아 적이 안심하였다.

내게도 소년처럼 어렵던 시절이 있었다. 하던 일에 실패하고 쫓기듯 무작정 나서서 발길 닿았던 곳이 부산이었다. 새벽기차에서 내려 온종일 헤매다 찾아든 영선동 사글세 판잣집은 그나마 내 처지에 과하다 해야 옳을까?

그동안 한 번도 마음놓고 산 적은 없지만 이렇듯 철저히 빈손이기는 처음이었다. 더 갈데없이 궁지에 몰려 그곳까지 스며든 내 처지가 한심스러워 밤새 뒤치락거리다 일어나 영도다리 난간에 섰다.

저만치 자갈치시장의 환한 불빛이 눈길을 당겼다.

끌린 듯 들어선 그곳에는 목판 위에 올려진 생선들이 저마다 전설 같은 바다의 사연을 간직한 채 누워 있었고 억센 경상도 사투리의 아지매와 그에 걸맞은 억양 짙은 뱃사람들의 흥청거림이 밤을 밀어붙이고 새벽을 부르고 있었다.

그들의 생동감에 이끌려 내 처지 따위는 잊고 비린내 그득한 시장을 한 바퀴 돌았다. 질척거리는 바닥에서 끈끈한 열기가 솟아오르고 있었다.

"새댁, 이 고등어 한 무더기 갖다 국 끓여 보거래이. 심이 팍팍 솟을 끼라."

나는 내 허리의 두 배는 됨 직한 아지매의 넉넉한 허리 치수와 기운 빠진 내 심경을 눈치챈 듯 힘이라고 강조하는 말에 끌려 슬그머니 쪼그리고 앉았다.

좌판 위에는 드넓은 바다에서 자유를 누렸을 등푸른 고등어가 매끈한 몸매를 과시하고 있었다. 죽어서도 누군가를 위해 몸을 바칠 수 있다면 헛된 죽음은 아닐 것이다. 더구나 삶을 제대로 누리지 못하는 곤고한 사람들에게 활기를 주는 고등어라니…….

"고등어로 국을 끓여요?"

"하모, 추어탕보다는 쬐께 못해도 먹을 만한 기라. 값은 싸도 영양가는 최고제."

고등어를 흐무러지게 끓인 후 체로 걸러 건건이를 넣고 끓인 탕을 이곳 사람들은 즐겨 먹는다고 했다.

딱 바라진 소쿠리에 담긴 고등어 한 무더기를 사서 돌아서는 내 등 뒤에다 대고 아지매가 한결 높아진 음성을 보탰다.

"건건이 살 때 산초가루 잊지 마소."

자칫 좌절의 늪에서 헤어나지 못했을지도 모를 그때, 새벽시장의 풍경을 섞어 끓인 고등어국이 허리 굵은 아지매 말대로 내게 힘을 주었던 기억이 떠올라 나는 한참을 그 자리에 붙박인 듯 서 있었다.

분명 할머니와 소년은 오늘 하루 그 한 마리의 고등어로 행복할 것이다. 할머니는 손자가 내미는 고등어를 받아드는 순간 시름을 잠시 잊고 미소지을 것이고 소년은 자신이 뭔가 할머니를 기쁘게 해 드렸음에 마음 뿌듯할 것이다. 그리고는 냄비 하나 가운데 둔 밥상에 다가앉아 숟가락질을 하며 사랑을 확인하고 재충전되는 힘을 느낄 것이다.

멍에 내려놓고

하늘에서 노란 비가 내린다. 은행나무가 소슬한 갈바람을 유혹하여 제 슬픔을 털어내고 있다. 제 멍에를 내려놓고 있다.

사람도 저 은행나무와 같이 1년에 하루쯤 슬픔과 근심을 털어내는 날이 있다면 좋으련만, 판도라의 상자를 연 그날부터 시작되었다는 우리들의 근심은 왜 평생을 메고 다녀야만 하는 것일까?

할아버지는 가셨다. 새 옷 갈아입고 평생 메고 다니던 멍에 사뿐히 내려놓고 대문 밖을 나가셨다.

"저승길이 멀다더니 대문 밖이 저승이라……."

요령이 산길을 누볐다.

할아버지에게 가장 큰 멍에는 우리 3남매였다. 몇 년째 소식 없는 아버지를 기다리던 어머니는 우리를 데리고 아버지 있는 곳을 찾아 나섰다. 삼랑진에서 몇 시간을 기다려서 갈아탄 완행열차는 다음날 새벽에야 안개에 싸인 서울을 보여 주었다. 내게 서울은 아버지를 만난다는 설렘과 흥분으로 인해 환상의 도시로 보였다.

어렵사리 찾아들어선 아버지가 산다는 동네는 내가 처음 본 서울과는 또 다른 풍경이었다. 산비탈에 다닥다닥 붙은 집을 보며 나는 왠지 불안했다. 그 불안은 아버지의 얼굴을 보는 순간 느껴지던 불안이기도 했다. 이미 아버지는 우리의 아버지가 아니었다.

맛있는 것을 사준다는 아버지 말에 떠나는 어머니에게 웃으면서 손을 흔드는 철없는 동생들과 울먹이며 서 있는 내게 차마 발길을 못 돌리고 젖은 눈을 보내던 어머니. 어머니의 등을 냉정히 몰아세우던 아버지의 모습이 내 망막에서 채 가시기도 전에 우리는 다시 짐짝마냥 외가로 쫓겨 갔다. 우리가 외가에 도착했을 때는 우리를 뺏기고 허탈해 하던 어머니마저도 이미 자취를 감춘 뒤였다.

가난이 절절이 배어나던 시절, 병색 짙은 외삼촌은 당신 자식 3남매 키우기도 버거운 형편이니 정년퇴임한 할아버지 힘으로 졸지에 부모 있는 고아가 된 우리를 맡아 키우자고 하기는 어려웠으리라.

대구 이모댁에 다녀온 날, 나는 내 두 동생이 고아원으로 보내진 것을 알았다. 내 등에 업어 키우다시피한 막냇동생의 큰 눈이 생각났고 고집불통이라 밉기만 하던 큰동생이 가슴 저리도록 그리웠다. 이불을 뒤집어쓰고 울던 내 곁에서 할아버지는 큰기침만 하고 계셨다. 그러나 나는 알았다. 할아버지도 울고 있다는 것을.

그 뒤로 할아버지는 고아원 동생 또래 모두의 할아버지가 되었다. 시청에서 퇴임한 후 책으로 소일하던 할아버지는 그 고아원 아이들의 할아버지가 되기 위해 손가방을 들고 거리로 나섰다. 버스도 타지 않고 다니며 안면 있는 학교 선생님들의 도장을 새겨주고 받은 돈으로 묵묵히 그곳을 찾아 다녔다.

어느 날 나는 고아원 가는 할아버지를 따라 나섰다. 골목 어귀에 들어서자 누군가 '와! 할아버지다.'라고 하는 소리를 신호로 어디서 몰려 나왔는지 10여 명 아이들이 올망졸망 늘어섰다.

가운데 우뚝 선 할아버지는 한 그루 은행나무였다. 똑같은 빡빡머리를 하고 있는 모습들 중에서 제일 눈이 큰 막냇동생이 보였다. 큰동생은 저만치서 쳐다만 보고 있었다.

나는 하늘을 보았다. 그러나 아무것도 보이지 않았다. 하늘은 이미 내 눈 속에 있었다.

나는 다시는 할아버지를 따라 그곳에 가지 않았다.

꾸부정한 어깨에 얹힌 멍에를 묵묵히 지던 할아버지에게 동생들이 고아원에서 보낸 10년 세월은 끝없는 고통의 세월이었으리라.

그래도 나는 할아버지의 작은 골방에서 행복했다. 책을 차곡차곡 담아두던 작은 궤짝을 몰래 열고 찾아보던 한글로 된 고소설, 내용을 제대로 이해하지 못하면서도 가슴 조이던 시절이었다.

그 시절 할아버지는 나의 모든 것이 되어 주셨고 먼지 머금은 소설 속에서는 꿈이 피어나곤 했다. 겨울 밤 봉창에 비친 달빛에 뒤척일 때면 딴 식구 모르게 살며시 일으켜 반질반질하게 손때 묻은 가방에서 꺼내 주던 싸늘한 국화빵. 뜨거운 사랑을 덤으로 얹어 주던 식은 국화빵에서는 독한 엽연초 냄새가 났다.

나이 들면서 한 번도 마음놓고 울지 못했는데 밀렸던 울음이 할아버지의 주검 앞에서 소나기처럼 쏟아졌다. 울고 또 울어도 눈물이 어디서 그리도 쏟아지는지 도저히 그칠 수가 없었다. 모르는 이들은 외손녀가 어찌 저리도 섧게 우느냐고 의아해 하였지만 알 만한 사람들은 당연하다며 고개를 끄덕였다. 그러나 기실 그것은 할아버지를 떠나보낸 슬픔만은 아니었다. 내 설움에 겨운 울음이었다.

할아버지의 초라한 유품 속에는 담뱃갑으로 만든 두루마리 일기장과 당신이 많은 사람들에게 닳도록 자랑하셨을, 내가 어렸을 때 지은 동시도 때에 절어 끼어 있었다. 내가 이렇게 나이 들고 있는 줄도 모르고 할아버지 호주머니 속의 나는 여전히 열한 살이었다.

그 순간 나는 둔기로 얻어맞은 것처럼 머리가 띵하고 온몸이 저릿저릿 저려왔다. 어머니의 손길보다 더 따스하게 나의 뼈를 여물리던 촉촉하던 할아버지의 손이 점점 물기를 잃어가는 것을 나는 왜 모르고 있었던 것일까? 아니 모른 게 아니라 외면하고 있었던 것은 아닐까. 할아버지는 많은 세월을 한결같이 호주머니에다 나를 담고 다녔는데 나는 먼 산만 바라보고 있었던 것이다.

할아버지를 배웅하고 돌아오는 길모퉁이에서 해바라기하고 계시는 노인을 보았다. 초점 잃은 눈으로 망연히 앉아 있는 모습은 겨우 그쳤던 울음을 다시금 끓어오르게 했다.

그랬다. 저 모습이 내 할아버지의 참모습이었다. 그런데 왜 나는 지금에야 할아버지의 모습을 본 것일까. 할아버지는 어깨에 얹힌 멍에에 눌려 점점 쪼그라지는 모습을 내게 한 번도 보여주지 않고 특유의 큰기침으로 모든 걸 감춰버렸다. 그래서 나는 할아버지가 언제나 푸른 잎을 달고 선 나무라는 착각 속에 살았던 것이다.

할아버지는 가셨다.

은행나무가 여름날 푸른 잎을 털어낼 수 없듯이 나도 이젠 내 멍에를 받아들여야 할 차례이다. 할아버지처럼 커다란 그림자를 만들 수는 없겠지만 내 아이들의 작은 무게에도 휘청거리던 다리에 힘을 주고 서서 하늘을 향해 두 팔을 벌릴 것이다.

하늘에서 노란 비가 내린다.

어깨 좀 빌려 드릴까요

남자의 머리가 옆으로 기울더니 어깨에 묵직한 무게가 실린다. 나는 불쾌하여 흘낏 그를 곁눈질하고는 몸을 앞으로 뺐다. 기우뚱하며 힘없이 넘어지던 남자가 겨우 제자리를 잡는다. 그러나 그는 이내 가볍게 코까지 곤다.

토요일 저녁 10시경, 늦은 귀갓길의 다양한 모습들이 모인 전철 안이다. 운 좋게 자리를 차지했다 싶었는데 옆에 앉은 남자 때문에 짜증이 난다.

여행길에서 고속버스 옆자리에 앉은 남자로 인해 곤욕을 치른 적이 있다. 그는 차가 흔들릴 때마다 몸을 밀착시키며 내 불편한 심기는 아랑곳없이 조는 체했다.

그 이후 나는 차를 탈 때마다 옆자리의 움직임에 예민한 반응을 보이고는 했는데 이날 전철에서는 다시 코를 고는 그의 모습을 보자 다소 마음이 풀렸다.

이마에 주름살이 뚜렷한 중년의 남자는 정말 피곤해 보였다. 감은 눈꺼풀 위로 삶에 지친 피로의 흔적이 그대로 묻어 있었다.

무아지경으로 빠져든 잠 속에서도 소중하게 끌어안고 있는 누런 서류봉투와 빵 봉지가 내 눈길을 끌었다. 가족들을 위해 빵 한 봉지 살 수 있는 마음이라면 그는 진실한 가장일 것이다.

'고개 숙인 남자'라는 말과 '명예퇴직', '조기퇴직'이라는 단어가 눈앞에 차례로 스쳐갔다. 그의 직장이라고 피해가지 않았을 것 같은 감원의 회오리바람이 피곤해 보이는 그의 얼굴 위로 겹쳐지며 그가 꼭 오랫동안 함께 지내온 동료처럼 새삼 안쓰러웠다.

오늘 하루 그는 얼마나 자신과 힘겨운 싸움을 하였을 것인가? 소위 '낀세대'라고 하는 그들. 오늘도 그는 밑에서 치고 올라오는 '신세대' 젊은 후배들에게 밀릴세라, 위에서 찍어누르는 '쉰세대' 상사의 눈치보랴 불쑥불쑥 치받치는 스트레스를 어깨에 얹힌 식구들의 무게로 지우며 노심초사했을지도……. 감원의 된서리를 맞은 동료의 몫까지 대신한 업무에 토요일도 없이 근무하다 이제 겨우 녹초가 되어 집으로 돌아가며 잠시 기대어 쉴 수 있는 어깨가 필요했을 것이다.

가끔 한 남자친구의 뒷모습에 묻은 쓸쓸함을 훔쳐 볼 때가 있다. 쓸쓸하다는 느낌은 순전히 내 착각일 수 있지만 나는 그림을 그리거나 조각을 하고 있던 예전의 모습이 간데없는 그가 낯설다. 흐르는 시간과 더불어 모든 것이 변할 터인데 내가 미망에 사로잡혀 있는 것일지도 모른다.

한때 그 친구와 나는 서로 비슷한 색깔의 병을 앓았다. 동병상련同病相憐의 심정으로 누구보다 그를 이해할 것 같기도 했다. 그리고는 탁월한 그의 예술적 재능을 인정하며 내가 이룰 수 없는 몫까지를 포함해 그 분야의 대가大家가 되리라는 것을 믿어 의심치 않았다.

그랬던 그가 어느 날부터 모든 것을 접고 아주 현실적으로 살아가고 있다. 딸린 식구들을 의식하며 적당히 세속적으로, 아니 도리어 아직도 끙끙 열병을 앓고 있는 내게 돈 안 되는 일만 궁리한다고 핀잔을 줄 정도로 변했다.

무엇이 그토록 그를 변하게 했을까? 그는 정말 자신의 모습에 만족하고 있을까?

그랬으면 좋겠다. 현숙한 아내와 알토란 같은 자식을 생각하면 접어버린 꿈쯤은 아무렇지 않게, 작은 행복으로 만족할 수도 있을 것이다. 그런데도 나는 그가 내뱉는 말 속에 배어 있는 공허감과 언뜻언뜻 스치는 그림자가 엿보일 때 마음이 아프다.

세상에는 자신의 꿈을 접고 사는 사람들이 많다. 접은 꿈보다 더 큰 생활의 무게에 눌려 가끔은 남의 어깨에라도 잠시 기대어 쉬고 싶을 때가 누구에겐들 없으랴.

나 또한 누군가의 어깨가 필요했던 적이 한두 번이던가. 밀려오는 피로에 깜박 졸며 기댄 그 어깨가 어디 내 것이던가.

혼자서는 감당하기 힘든 일에 부딪혀, 그래서 의욕까지도 사그리 달아나버려 서 있기조차 힘들 때 나를 받쳐주던 어깨가 있었다. 감싸안아 주지 않아도 다독거려 주지 않아도 좋았다. 아주 잠시 기댈 수 있는 것만으로 나는 큰 위안과 힘을 얻으며 지금 여기까지 와 있다.

그러니 연약한 내 어깨에서 누군가 쉼을 얻을 수 있다면 그리 불쾌할 일도 아니리라.

잠시나마 옆자리의 남자를 치한으로 의심했던 것이 미안해서 나는 슬며시 그의 잠이 깨지 않게 내 어깨에 힘을 주었다.

'어깨 좀 빌려드릴까요?'

나는 우의정

"아니 좌의정은 어디 두고 우의정 혼자인가?"

"예?"

나는 어리둥절하다가 내 이름과 발음이 비슷한 우의정右議政으로 놀리는 것을 알고 얼굴을 붉혔다. 옆에 계시던 분들이 서로 좌의정左議政을 자청하는 바람에 좌중의 분위기가 일시에 부드러워지며 웃음꽃이 피었다. 최근에는 '우의정님께'라고 서명된 책을 받고 실소를 금치 못한 적도 있다.

어쨌든 그다지 싫지 않은 우스개이다. 웃음의 여운 속에서 어머니를 떠올린다.

"가르치기만 했으면 이름을 떨쳤을 낀데. 내가 니한테 죄가 많다."

"엄마, 제발 그만 좀 하세요."

나는 매번 어머니의 무거운 한숨을 밀쳐낼 양 톡 쏘며 찬바람을 일으킨다. 좀 더 당당하지 못한 어머니 모습에 화가 나고 팔자에 휘둘리며 살아온 어머니의 곤고한 삶에 대한 애처로움이 내게도 한恨이 되기 때문이다.

단신 월남한 아버지와 결혼한 어머니가 신행 3일을 보내고 따라 나선 곳은 아버지의 외가가 있는 산골동네였다. 하루 한 번 다니는 털털거리는 버스를 타고 재를 넘고 또 넘어 겨우 읍내에 도착했을 때 아버지는 산길을 따라 30리를 더 걸어가야 한다고 했단다.

이쁜 색시를 데리고 가는 아버지는 어깨를 으쓱이고 걸었지만 바다만 보고 자란 어머닌 처음 보는, 첩첩이 둘러싸인 산 때문에 기가 죽어서 가쁜 숨을 쟁이느라 힘들었다.

그러나 신혼의 단꿈이 깨기도 전에 하늘만 빼곡히 보이는 산골에 젊디젊은 색시를 두고 아버지는 대처로 떠나갔다.

할머니 나이 마흔이 넘어 힘겹게 낳은 외아들로 태어나 과보호 속에 자란 아버지에게 가로막힌 38선 너머의 부모는 힘이 되지 못했다. 살기 위해서는 얼마나 치열해야 하는지를 모르던 아버지에게 세상의 벽은 높았고 애당초 식구 하나 거느릴 능력도 없었다. 결혼 전 배운 미용기술로 밥벌이를 하는 어머니를 두고 아버지는 슬그머니 직무를 유기하듯 도망치고는 했다.

어느 날 푸른 달빛을 타고 슬며시 찾아들었던 아버지가 다시 사라진 뒤 남겨진 흔적. 그 밤 어머니는 시뻘건 해를 치마폭에 담아들고 빛 속으로 걸어갔다.

훌쩍 왔다 사라지는 젊은 신랑보다는 바다가 보이는 남쪽 고향을 더욱 애타게 그리던 어머니는 몇 번을 보따리를 쌌다가 풀었다. 산이 너무 높아서, 빨래터에서 사귄 수양어머니의 애틋한 사랑에 정이 들어서, 마지막으로 어머니는 자궁 속에 자리잡은 나 때문에 주저앉았다.

어머니의 탯줄에 매달린 생명은 어머니의 인생을 꼼짝 못하게 하는 올가미였고 또한 희망이기도 했다.

난산으로 꼬박 3일 동안 죽을 고비를 수차례 넘기며 나를 낳은 어머니는 내게 명옥이란 이름을 붙여주었다. 그것은 밝고 맑은 구슬처럼 예쁘게 살기를 바라는 어머니의 소망이기도 했고 일찍 친정어머니를 여의고 사무치게 그립던 모정을 자신의 딸에게 쏟으리라는 다짐이기도 했다.

뒤늦게 딸을 낳은 소식을 들은 아버지는 바람처럼 달려왔고 한동안 마음을 잡는 듯했다. 일 점 혈육 없이 방황하던 아버지에게 나는 이 세상에 둘도 없는 사랑이었다.

밝을 명明 구슬 옥玉, 첫돌 무렵까지 그렇게 불리던 내 이름은 어느 스님의 등장으로 위기를 맞았다. 일을 하는 어머니를 대신해 나를 키우시던 수양할머니는 무척이나 나를 애지중지하셨다. 마실을 다니시며 나를 어르는 것으로 낙을 삼던 할머니께 하루는 그 마을을 지나던 스님이 내 이름이 나쁘다고 고개를 흔드셨다.

어머니는 전전긍긍했다. 자신의 한恨과 애증을 보상받아야 할 딸의 이름이 나쁘다니 안 될 말이었다. 어머니는 그해 서울로 이사를 하자마자 작명소를 찾아 나섰다. 사주를 짚어 보고 이름을 바랄 희希, 정사 정政으로 지어주던 작명가가 한 말은 어머니의 희망을 눈앞에 그린 듯 확인시켜 주는 말이기도 했다.

"딸이라도 가르치기만 하면 한 자리 할 아이요. 이름을 떨칠 테니 두고 보시오."

자신있게 말하던 그의 말을 신의 예언쯤으로 믿었던 어머니는 그런데 결정적인 큰 실수를 했다. 맏아놓은 자식의 성공을 가르치지 못한 자신의 죄로 그르쳤으니 못내 한스럽고 복장을 칠 일이었다. 더구나 그 생각이 떠오를 때마다 한숨으로 삭히려니 힘들기도 하실 것이다.

나는 그런 어머니의 모습이 안쓰러워 위로를 하고는 했는데 끊임없이 들먹이니 이젠 지겨워졌다. 한탄을 한다고 상황이 달라질 리도 없고 그것보다 더 민망한 일은 내가 어머니의 기대만큼 똑똑지 못하다는 사실이다. 한 자리 못한 것이 무능한 내 탓이지 어찌 어머니 탓이라고만 하겠는가. 그런데 어머니는 지치지도 않는 양 똑같은 소리를 되뇌고 있으니 기대에 못 미치는 내 심정은 소태 씹는 것 같을밖에.

고슴도치도 제 새끼는 이쁘다지만 그래도 그렇지 어머니는 왜 딸이 못난 것은 인정하지 않으실까.

그래도 나는 지금의 나로서 만족하고 있고 능력도 자질도 없는 주제에 분에 넘치는 수필가란 명찰까지 달았으니 이것이야말로 이름 덕택이 아닐까 한다.

또한 지금까지 숱한 시험을 치렀지만 운 좋게 한 번도 낙방을 하거나 실망한 적이 없다. 매번 시험지를 받아들고 이름 석 자를 쓰는 순간 용기가 불끈 솟고 자신감이 생겨 내 실력보다 더 좋은 성적을 얻었으니 이 어찌 이름 덕이 아니라고 우길 수 있는가. 어머니는 딸이 이만하면 됐지 무얼 더 바라실까.

언젠가부터 귀가 어두워져 세상 소리에도 어두운 어머니의 귀에 대고 오늘은 목청을 돋우어 큰소리로 말해야겠다.

"어머니! 어머니 딸이 우의정이 됐다구요. 우의정 아시죠? 이 정도면 이름 날린 거 아니겠어요."

놀란 눈으로 나를 바라볼 어머니를 위해 오늘 하루쯤 나도 옛사람 노래자老萊子처럼 색동옷을 입고 춤을 추어보는 것도 괜찮으리라.

어머니와 여자

양곡 소세양 선생 문학비 건립식에 참석차 전주에 갔더니 그곳에 계시는 목 선생님과 하 선생님이 마중을 나오셨다.

일정을 마치고 다른 일행들은 서울로 향하는데 우리는 죽림온천을 향해 달렸다. 덕진공원에 연꽃이 피었다는데 연꽃보다는 온천물에 도심에서 찌든 분진을 씻고 싶었다.

서울서부터 같이 간 홍 선생이 대중탕 앞에서 망설였다. 자신은 혼자 바깥에서 기다리겠다는 것이다. 아마도 목욕을 마치고 벌건 얼굴로 원로 선생님들과 마주칠 일이 걱정되었던 모양이다. 기왕에 예까지 왔는데 그냥 갈 수 있냐며 끌다시피 하여 안으로 들어갔다.

김이 잔뜩 서린 온천탕은 꽤 넓었다. 홍 선생은 그 넓은 곳 어디로 금세 숨어버려 아무리 찾아도 보이질 않았다.

나는 목 선생님과 함께 자리를 잡고 앉았다. 연배로 치면 어머니뻘이 되니 내가 선생님의 등을 먼저 밀어드려야 하건만 선생님의 성화에 나는 말 잘 듣는 어린아이처럼 내 몸을 온전히 선생님께 맡기고 있었다. 부드럽고 정결하게 등을 미는 손길이 한없이 자애로웠다. 팽팽하게 긴장되어 있던 온몸의 신경이 느슨해지며 마음이 안온해졌다.

"어디 아픈 데는 없는 거지?"

살집이라고는 전혀 없는 내 빈약한 등을 밀며 걱정스레 묻는 선생님의 물기에 젖은 목소리가 내 목울대를 아프게 했다. 혹여 나 때문에 내 나이 또래에 하늘나라로 보낸 따님 생각을 하신 게 아닌가 싶어 송구스러웠다.

선생님의 수필집 교정을 보면서 나는 몇 번이나 눈시울을 붉혔다. 위암과 투병하느라 여윌 대로 여윈 딸의 등을 밀며 피눈물을 쏟는 선생님의 모습에서 나는 내 어머니를 떠올리며 울었다. 생때같은 자식을 가슴에 묻는 어머니의 심정, 바로 눈앞에서 사그라지는 자신의 분신을 지켜보아야 하는 모정, 선생님의 처절한 그 모습에서 나는 왜 나를 버리고 떠났다고 생각했던 어머니를 떠올렸던 것일까?

지난 일요일에 아주 오랜만에 우리 집에 다니러 오신 어머니와 함께 목욕탕에 갔다. 등을 밀어주는 어머니의 손길이 살뜰했다. 때를 밀고 비누칠까지 구석구석 정성을 들이는 모습이 돌아앉아서도 훤히 보였고, 어머니의 앙상한 손이 내게 많은 이야기를 하고 있었다. 입으로 하는 말보다 더 촉촉이 내 가슴으로 파고드는 이야기였다. 그 말없는 이야기에 콧등이 찡하더니 눈물이 흘러내려 나는 어머니가 눈치채지 못하게 멀쩡한 비누타령을 하며 세수를 했다.

어머니는 내게, 아니 우리 3남매의 눈을 언제나 바로 보지 못하는 죄인이었다. 어린 자식들을 거두지 못한 죄책감 때문에 평생 몸 둘 바를 몰라 하는 어머니에게 나는 언제나 당당하고 잘난 딸이었다. 어찌 그리 모질게도 할 말이 많았는지…….

세월이 흘러 나도 자식을 낳아 키웠고, 순탄치 못한 여자의 길을 걷는 동안에도 어머니가 한 사람의 여자일 수 있음을 인정하지 않았다. 세상의 다른 여자들에게는 희망 없는 기대에 시간 죽이지 말고 자기 인생을 찾아야 된다고 목소리의 톤을 높였으면서 내 어머니에게는 한 치의 빈틈도 용납할 수 없었다.

내 앞에 여자와 엄마의 길이 선택적으로 주어졌을 때도 나는 어머니에게 보란 듯이 내 아이들을 끌어안고 둥지를 틀었다. 그랬다, 보란 듯이……. 나는 어머니보다 잘났으니까.

어머니가 개가했던 바로 그 나이에, 나는 한 달이 넘게 40도를 넘나드는 원인 모를 고열에 시달리다 응급실에 실려갔다. 꼭 죽을 것만 같았고 마지막이라고 생각되는 순간에 어머니가 몹시 보고 싶었다.

"아이고, 이게 우짠 일이고?"

응급실로 달려와 넋 나간 사람처럼 중얼대는 어머니를 보자

나는 그만 어린아이마냥 엉엉 소리 내어 울었다. 그것은 지금까지 용서하지 못한 어머니에 대한 애증을 씻어내는 눈물이었다. 그리고는 내가 그동안 얼마나 내 아집 속에 웅크리고 있었는가를, 이 세상에 어머니가 살아계시는 자체만으로도 얼마나 감사해야 될 일인가를 비로소 깨달았다.

목 선생님께 등을 맡기고 앉아 나는 또다시 어머니를 떠올렸다. 내 어머니를 포함한 세상의 모든 어머니의 마음이 곧 목 선생님의 이런 자애롭고 정성스런 손길 같은 것이라는 생각에 새삼 목이 메었다.

자라지 않는 아이들

밤새 들길을 바삐 걸었다. 끊임없이 발길을 재촉했지만 갈 길이 좁혀지지 않아 조급했다. 걸어도 걸어도 길은 멀었다. 등에 업은 아이의 무게가 어깨를 짓누르고 걸린 아이의 잡은 손을 놓칠까 봐 조바심이 쳐졌다. 온몸에 땀이 배었다. 애를 쓰다 깨어 보면 꿈이었다.

이루지 못한 꿈이 많은 탓일까? 나는 거의 하루도 거르지 않고 꿈을 꾼다. 대부분의 경우 토막 꿈을 꾸지만 어떤 날은 선명하게 이야기가 전개되어 꿈을 깨고 나서도 현실감을 찾으려면 시간이 걸린다.

예민한 신경 때문일 것이다. 쉽게 잠들지 못하고 그나마 살풋 잠이 들면 금세 파노라마처럼 꿈이 펼쳐지는 것은. 그 중 가장 빈번한 장면이 업고 걸린 두 아이와 허둥대는 내 모습이다.

딸과 아들이 다 장성했건만 꿈속에서는 아직도 자라지 않은 어린아이라는 데 내 고민이 있다. 처음 내가 이 꿈을 꾸기 시작한 것은 정말 아이들이 어렸을 때였다. 그 이후 줄기차게 같은 꿈을 꾸지만 꿈속의 내 아이들은 성장을 멈춘 채 나를 안타깝게 한다.

한동안 나는 꿈에 아이들이 보이면 근심이라는 어른들의 해몽을 그대로 받아들였다. 먹는 꿈을 꾸면 감기에 걸리고, 새 옷을 이것저것 갈아입으면 좋지 못한 일이 생기고, 명산고적을 유람하면 오랫동안 만나지 못했던 친구를 만난다는 등……. 그런데 요즘 들어 그 꿈이 근심이 아님을 알았다. 여전히 꿈에 아이들을 업고 다녀도 그때마다 별다른 근심거리가 생기지 않았기 때문이다.

강박관념일까? 다 자란 내 자식들이 아무리 꿈이라지만 그렇게 변함없이 어린아이일 수 있는가. 그건 아마도 내 의식 속에 잠재되어 있는 마음의 그림자인 것 같았다.

어제는 아이 둘을 한꺼번에 업으려고 밤새 애를 쓰다 날을 밝혔다.

프로이드는 꿈이란 무의식 속에 잠재된 의식의 반영이라고 했다. 그렇다면 내 의식 깊은 곳에 있는 무엇이 나로 하여금 자꾸 꿈속을 헤매게 하는 것일까? 나는 무엇 때문에 자라지 않는 아이를 업고 노심초사하는 것인가.

한때 아이를 업고 걸리고 전전긍긍하던 시절이 있긴 있었다. 그러나 그건 벌써 옛날이야기처럼 아득하여 지금은 아픔조차 무디어진 상태다. 늦게 돌아오는 나를 대신해 밥을 짓던 일곱 살짜리 딸아이가 석유곤로 앞에서 성냥불을 켜지 못해 울고 있던, 그래서 한동안 나를 많이 서럽게 했던 기억도 언젠가부터는 엷게 채색된 동화처럼 아련한 영상으로만 떠오를 뿐이다. 그런데 왜 꿈속의 아이는 그 일곱 살에서 더 이상 나이를 먹지 않는 것일까?

우리 집 거실에는 어느 화가 지망생의 그림이 한 점 있다. 고학을 한다는 젊은이가 안돼 보여서이기도 했지만 그것보다는 그림 속에 담긴 모습 때문에 나는 흔쾌히 그 그림을 넘겨받았다.

아이를 업은 여인이 턱을 괸 채 과일자루 옆에 앉아 있고 계집아이가 자루 뒤에서 고개를 비죽이 내밀고 있는, 조금은 청승맞은 광경인데 꼭 예전의 우리 모습 같아 정이 갔던 것이다. 아니나 다를까 그림을 받아든 딸이 계집아이를 가리켰다.

"엄마, 얘 꼭 나 같아요."

딸의 말에 마주보고 웃을 만큼 우린 고통스럽던 과거에서 이만큼 비켜 서 있다고 생각했다. 그런데 실은 그렇지 않았던 것 같다. 우리는 그 상황에서 벗어났는데 내 무의식은 아직 그곳에서 벗어나지 못하고 있으니 말이다. 어쩌면 그 그림에 끌린 것도 무의식 속에 잠재된 의식의 반영이 아니었나 싶다.

자신의 삶 중에서 제일 지독했던 고통이나 절실했던 상황 따위는 어디 만큼 숨어 있다가 긴장이 풀어질 때마다 꿈이란 방식을 빌어 솟구쳐 오르는 것 같다. 그렇다면 나는 자라지 않는 아이들의 꿈을 앞으로도 계속, 긴 세월 동안 꾸게 될 것이다. 더 이상 내 무의식 속에 새롭게 각인될 고통은 없을 테니까.

폴라리스

창문을 여니 밤새 내린 폭설로 세상이 온통 하얗다. 해발 6백여 미터가 넘는 고지에서 염소를 키우며 사는 문학회원 이 선생을 만나러 가기로 한 날이다. 폭설로 길이 끊기지 않았을까 걱정을 하면서도 우린 예정대로 청량리역에서 열차를 탔다.

열차가 양수리를 지나면서부터 서로 말을 잊은 채 설경 속으로 빠져들었다. 햇살 속에 눈부신 백색의 천지, 나는 영화 〈닥터 지바고〉를 떠올렸다.

눈꽃처럼 아기자기한 우리의 산야에 익숙한 내게 스크린 가득 찬 설경, 광활한 대지에 뒤덮였던 끝없는 하얀색에 압도되어 잠시 숨을 멈추었던 그날 이후 나는 눈만 보면 그 장면이 습관처럼 떠오른다. 백설이 애애한 유리아틴의 외딴 저택에서 광적인 열정으로 원고지를 메우는 지바고. 사랑하지 않을 수 없는 여인 라라, 그리고 이리 떼들의 울음소리도 함께.

한 길도 넘는 눈 속을 헤치며 힘겹게 달리다 멈춰 선 기차와 온통 흰 도화지에 한 점 까만 점으로 보이던 사람들을 회상하다 보니 열차는 오르락내리락 하며 강원도 산골길로 접어들고 있었다.

태백을 지나 도계역에 내리니 이 선생이 마중 나와 있었다. 강원도 오지마을에는 해도 일찍 숨어버리는가. 저물녘인가 싶었는데 어느새 마을로 내려앉은 어둠이 우리를 온전히 자신의 품에 감싸안았다.

일행들을 자신의 승용차에 태워 얼마쯤 달리던 이 선생이 차를 바꿔 타라고 한다. '차를 바꿔 타야 한다니?' 어리둥절하는 우리 앞에 화물차 한 대가 꽁무니를 들이댄다. 그의 집이 있는 곳까지는 언덕이 가팔라서 승용차 대신 이 화물차가 우리의 말馬 노릇을 할 예정인가 보았다. 일행 중 연만하신 두 분을 앞자리에 모시고 남은 세 사람은 꼼짝없는 짐짝 신세다.

짐칸에 거꾸로 앉고 보니 달마저 자취를 감춘 그믐칠야, 눈은 감아도 떠도 마찬가지이고 덜컹거리는 차에서 밖으로 튕겨 나가지 않으려면 옆 사람의 손을 꼭 쥘 수밖에 없다. 이때만큼 한배를, 아니 한차를 탄 동지라는 유대감이 절실한 때가 없는 듯했다.

가파른 산길을 오르던 차가 몸을 푸르르 떨듯 눈길에 미끄러지며 헛바퀴질을 할 때마다 옆 낭떠러지로 금방 곤두박질칠 것 같아 또 다른 공포가 엄습했다. 추운 날씨에도 불구하고 서로 맞잡은 손에 진땀이 배는 걸 보면 나만 느끼는 공포가 아닌 듯한데, 바로 그때 누가 먼저랄 것도 없이 동시에 소리를 질렀다.

"야! 별이다, 별."

"우우우……."

별을 보는 순간 억눌렸던 내 안에서 그 무엇이 분출구를 찾은 듯 솟구쳤다. 그것은 가장 원시적인 소리가 되어 튀어나왔다.

우우우우우…….

별빛은 나뿐만 아니라 우리 모두를 공포감에서 해방시켜 주었다. 극심하던 공포가 희열로 바뀌며 모두의 입에서 일시에 단순음이 쏟아졌던 것이다. 이럴 때 우리가 사용하는 말이 얼마나 초라하고 빈곤한지 실감하면서…….

별이 꽃처럼 피어나고 있었다. 은하수는 안개꽃밭으로 떠오르고 여기저기 흩어진 크고 작은 꽃송이들은 도드라지게 피어 금방 머리 위로 쏟아질 듯하였다. 그 중에서도 항상 변함없는 자리에서 빛을 발하는 작은곰자리의 으뜸별인 폴라리스가 바로 머리 위에 있었다.

폴라리스. 그가 그 자리에 있으므로 우리는 가끔 길을 잃고도 안도를 하는 것이 아니던가.

바지랑대로 하늘을 휘젓던 때가 있었다. 아주 어린 내 모습이다. 밤하늘에 보석처럼 떠 있는 별을 갖고 싶던 어느 날 나는 바지랑대를 가지고 장독대에 올라서는 데 성공했다. 그러나 내가 가진 바지랑대는 턱없이 짧았고 별은 너무 멀리 있었다.

별 따기를 포기한 후 나는 내 가슴에 희망이란 이름으로 뜨는 또 다른 별을 따기 위해 보이지 않는 바지랑대를 휘저으며 살아왔다. 더러는 내가 생각했던 별이 터무니없는 욕심인 걸 알고 좌절하기도, 용케 생각지 않은 별을 따 행복하기도 했다. 그러는 동안 순수와는 멀어졌다는 편이 옳을 것이다.

이 선생의 집은 산 중턱에 자연의 일부처럼 붙박여 있었다. 그도 아마 자신의 폴라리스를 찾아 이곳에 둥지를 틀었으리라.

별은 누워서 봐야 제 맛이라고 했던가? 눈밭에 드러누우니 밤이 깊어질수록 더 가까이 내려온 별이 나목의 빈 가지에 조롱조롱 매달려 있었다. 오늘 같은 밤이면 바지랑대로 별을 따려던 어렸을 때의 욕심을 한 번 더 부려봄 직한데 나는 그날의 순수에서 너무 멀리와 있다.

묵묵히 암흑 속에 돋은 별을 바라보던 긴 침묵을 깨고 박 선생이 즉흥 오페라를 시작했다. 열정적인 몸짓으로 춤을 추며 노래를 불렀다. 그의 돌발적인 행동에 감전된 듯 또 다른 박 선생이 특유의 아름다운 목소리로 화답을 하니 환상의 하모니를 이룬다. 바람 부는 언덕의 눈밭 노천무대에서 〈나비부인〉의 주인공이 되어 세상에서 가장 적은 관객을 위해 두 사람은 신들린 듯 열연을 하였다.

허공을 향해 두 팔을 벌리고 밤하늘을 품으로 끌어당기며

격정적인 몸짓으로, 폐 깊숙이에서 끌어올린 숨을 모았다 한꺼번에 토하며 절규를 하듯 노래를 하는 박 선생의 광기에 전율이 일었다. 저 아랫동네에서 개 짖는 소리가 배음처럼 들렸다.

그토록 자신을 내던지며 춤추고 노래 부르는 박 선생의 상실의 아픔을 알기에 나는 가슴이 내려앉았다. 유성이 된 아내와의 이별, 이렇게 별꽃 쏟아지는 밤이면 그리움이 별로 떠서 더욱 애절한 마음일 것이다. 그러나 저렇듯 온몸으로 슬픔을 털어내듯 의식을 치른 후엔 그도 자신이 가야할 길의 방향을 위해 폴라리스를 바라볼 수 있을 것이라 여겨져 조금 마음이 놓였다. 길 잃고 방황하는 사람을 위해 폴라리스는 항상 그 자리에 있을 것이므로…….

목어木魚는 어디에 있는가

둥둥둥 법고가 울었다. 담홍빛 노을 속에 잠시 잠겼다가 되살아난 북소리가 곡선의 탑사를 한 바퀴 돌아 수마이산 잔등을 타고 위로 위로 올라갔다.

그날 내가 은수사에 도착했을 때는 마침 저녁 예불시간이라 두 스님이 법고를 치고 있었다. 세상사를 잊어버리고 무아경에 빠져든 두 스님. 북소리와 스님들의 동작은 일치감을 이뤄 숨 막히는 긴장감이 돌았다. 마주 보고 선 스님의 손이 차례로 허공을 가르며 선을 그리고 내려와 힘차게 북을 두드렸다. 다다다다닥, 호흡이 조금만 고르지 못해도 어긋날 것 같은 팽팽한 긴장감…….

두두 둥둥둥, 법고는 가죽 가진 모든 짐승을 위로하기 위해 온몸으로 서럽디서럽게 운다고 했다.

나는 음양오행의 순환을 나타낸 정명암에서 유래했다는 태

극전을 살짝 엿보고 아직도 북소리의 여운이 남은 듯한 탑사를 한 바퀴 돌았다.

이갑용 처사가 쌓았다는 탑의 선이 참으로 고왔다. 천지탑을 비롯하여 크고 작은 80여 기의 탑은 불가사의 그 자체였다. 점점 위로 올라갈수록 가녀려지다 작은 돌 하나로 마침표를 찍은 탑이 비바람에도 끄떡없이 1백여 년을 버텨왔다니 이게 어디 사람의 힘만이겠는가? 꼭대기에 기도 한 자락 올려놓으면 절로 하늘에 닿을 듯했다.

집으로 돌아오면서 나는 조금 전에 법고가 아닌 목어를 치는 스님의 모습을 본 듯한 착각에 빠졌다. 지금 나는 착각이라는 말을 썼지만 사실 내 의식의 어디쯤에서 솟구친 기억의 한 자락은 분명히 목어를 치는 스님을 보았던 것이다. 두 팔을 벌려도 맞닿지 않는 커다란 목어……. 머리가 조금 아픈 것 외에는 지극히 정상적인 상태를 비집고 들어온 혼란을 무엇으로 설명할 수 있을까?

목어木魚.

옛날 어떤 스님이 스승의 가르침을 어기고 죽은 뒤에 물고기가 되었는데 그 등에서 나무가 자랐다고 한다. 어느 날 스승이 배를 타고 바다를 지나갈 때 나타나 죄를 참회하므로, 수륙재를 베풀어 물고기 몸을 벗게 하고 그 나무로써 물고기 모양을 만들어 달아놓아 수도하는 스님들을 경책하는 도구로 썼다는 목어. 일설에는 물고기는 밤낮 눈을 감지 않으므로 수행자로 하여금 늘 깨어서 꾸준히 수도 정진하라는 뜻으로 고기 모양을 만들었다고도 한다. 그런데 그 목어가, 그것도 한 아름이 넘는 큰 목어가 뜬금없이 어디서 나타났단 말인가.

그날 이후 내게 목어는 하나의 화두였다.

그렇게 은수사를 다녀온 지 꼭 1년이 지난 며칠 전, 문학기행 일정에 마이산이 있었다. 가슴이 철렁했다. 정말 그곳에 커다란 목어가 있는가 확인하고 싶었다.

그런데 서울을 떠날 때의 조급하던 마음과는 달리 나는 입구에서 걸음을 멈추었다. 목어의 실체를 확인을 할 것인가 말 것인가 한참을 갈등하다 끝내 산을 오르지 않았다. 만약, 그 실체를 확인하지 못하면 무너져내리는 내 마음을 추스르지 못할까 봐 용기가 나지 않았던 것이다.

산사를 향해 발길을 내딛는 일행들의 뒷모습에서 시선을 떼지 못하다가 말의 귀를 닮아 마이산馬耳山이 되었다는 돌올히 솟은 산을 올려다보았을 뿐이다. 단풍 든 산은 지금이라도 당장 넓은 광야로 달려나갈 듯한 자세의 알맞게 살찐 적토마였다.

얼마의 시간이 흘렀을까? 올라갔던 일행들이 내려오는 모습이 보였다. 그들을 보자 다시 마음이 조급해져 누구에게랄 것도 없이 가까이 온 사람에게 불쑥 말을 건넸다.

"저 혹시 은수사에 커다란 목어가 없던가요?"

"못 봤는데……."

목어는커녕 법고도 못 봤다는 그의 대답과 나의 어리석음에 나는 앙천대소할 뻔했다.

어찌 눈에 보이는 것만을 진실이라 할 것인가. 그곳에 목어가 있건 없건 그게 무슨 상관인가 말이다. 이미 내 마음속에 자리한 목어가 있지 않은가. 그것이 어떻게 하여 내 마음자리로 들어왔는지 모르지만 그로 인해 내가 작은 깨달음 하나 건질 수 있다면 그로써 족하지 않은가.

돌이켜 보니 목어는 그동안 나태해진 내게 항상 깨어 있으라는 경고음이 아니었을까 싶다. 그제야 지난 1년이 뒤돌아봐졌다. 매너리즘에 빠져 한없이 침잠해가던 내 의식 속에 들어온 무의식의 자각. 그 경고음을 인식 못한 무딘 성정으로 지난 1년 몸과 마음을 무던히 앓았다.

밤새 미열에 시달리며 꿈을 꾸다 눈을 뜨면 온몸이 아팠다. 그런 날이 몇 날, 몇 달이 계속되자 내 몸 어딘가에 반갑지 않은 손님이 영역을 넓혀가는 것 같아 스산했다. 그래도 나는 스스로를 추스르기보다는 보이지 않는 적을 향해 두 손 들고 항복할 자세를 취한 양 무기력하게 시간을 보냈다.

아프다는 핑계로 단 한 편의 글도 쓰지 못하고 보낸 날들……. 그날들은 내게 있어 의식은 있으되 깨어 있지 못한 상태였다.

지금은 내 안에 자리한 목어를 횃불삼아 기지개를 켜야 할 때인 것 같다. 정신을 깨우는 소리가, 내 자아를 깨우는 소리가 이제야 들린다. 다다다다닥…….

2부

씩씩하게 산다

고향에 갔더니 어릴 적 친구가 대뜸 나를 보고 말했다.

"너 씩씩하게 잘살고 있다며?"

얼마 전, 고향에 다니러온 동창을 만나 내 안부를 물었더니 대답이 그렇더라는 것이다. 그제야 감이 잡혀 나는 어깨를 으쓱이며 크게 웃었다.

토요일 오후였다. 도서관에서 책을 찾고 있는데 호출기에 진동이 느껴졌다. 전화를 했더니 서울 근교에 살고 있는 초등학교 동창 셋이 오랜만에 만나 유일한 홍일점인 나를 찾고 있는 중이었다.

"황금 같은 토요일에 도서관이라니. 나와라 잘생긴 우리와 데이트하자."

"나 지금 멀리 있는데……."

한 친구의 승용차를 타고 그들은 내가 있는 곳으로 득달같이 달려왔다. 고향에서는 우리가 서울에 살고 있다고 하니까 자주 만나는 줄 안다. 말이 서울이지 수원, 안양, 용인, 의정부에 흩어져 사는 우리는 한 번 모이기가 쉽지 않은데 이날은 누구랄 것 없이 적극적이 되어 있었다.

우리 네 사람은 모처럼 동심으로 돌아가 어렸을 적 이야기를 하며 웃고 떠들었다. 누구는 지금 연극에 미쳐있다는 둥 누구는 시의원 출마 준비 중이라는 둥 서로 알고 있는 소식을 주고받고 '신나는 청춘'을 외치며 건배도 했다. 꽤 시간이 흘렀는데도 그냥 헤어지기가 아쉬워 자리를 옮겨 악을 쓰고 노래까지 불렀더니 쌓였던 스트레스가 확 풀리는 듯했다.

학생 수가 얼마 안 되는 시골학교에서 꼬박 6년을 같은 반에서 지낸 우리는 그래서 그런지 지금도 서로가 이성으로 보이지 않아 마음 편히 만날 수 있어 좋다. 더구나 나는 이렇게 한꺼번에 남자친구 셋을 만날 수 있는 행운까지 누리니 이 아니 좋은 일인가.

밤이 이슥해 헤어지려는데 퍼뜩 둑에 오들오들 떨고 있을 내 차가 떠올랐다. 나는 출근할 때면 지하철 타기 좋은 곳까지 가서 그곳에 차를 세워두고 지하철을 탄다.

열흘 전 퇴근길이었다. 다른 날 같으면 가르릉거리며 주인을 반기던 내 자동차가 그날은 웬일인지 꿈쩍도 않고 숨소리조차 내지 않는 것이었다. 아침에 급한 김에 미등을 켜놓아 배터리가 방전된 모양이었다. 방전된 차는 카센터에 연락하여 충전을 하든지 배터리를 갈아야 했지만 시간에 쫓겨 그냥 팽개쳐 두고 있었다.

"내 차 충전 좀 시켜주고 가."

힘들이지 않고 뱉는 내 말에 친구들의 눈이 동그래졌다.

"어떻게?"

"내가 할게. 네 차 보닛만 열어."

나는 서슴없이 면장갑을 끼고 친구의 차 배터리에서 양극(+−)을 찾아 내 차에 연결하여 시동을 걸었다. 추운 벌판에 세워두었던 주인의 무정함에도 불구하고 차는 이내 가르릉거렸다.

"이젠 됐다. 잘 가."

손수 충전을 하고 운전대에 앉는 나를 바라보는 친구들의 표정이 뜨악했다. 나는 경쾌하게 손을 흔들고 신나게 페달을 밟고 돌아왔다.

그들 중 가장 표정관리가 안 되던 친구에게서 다음날 아침 일찍 전화가 왔다.

"너 정말 씩씩해 보여 보기 좋더라."

"그럼 언제는 안 좋아 보였니?"

나는 어젯밤 그의 표정이 연상되어 혼자 빙그레 웃었다. 그동안 그뿐만 아니라 다른 친구들이 내 걱정을 얼마나 했는지 짐작이 가기도 했다.

"혼자면 어때. 난 지금 이대로가 좋아. 누구에게도 간섭받지 않고 글 쓰고 싶으면 글 쓰고 책 읽고 싶으면 책 읽고 내 생활에 행복을 느낀다구."

정말이지 그건 솔직한 내 심정이었다. 그런데 그들에게는 그 말이 나의 알량한 자위쯤으로 들렸나 보다.

나는 일찌감치 도와줄 사람을 기대하지 않고 살아왔다. 그러다 보니 굳이 남자 할 일, 여자 할 일 가릴 것 없이 힘으로 해결되는 일 빼고는 내 스스로 하는 것이 많다. '이 없으면 잇몸으로 산다.'고 당연한 일인지도…….

이사를 하고 정리를 하다 보면 벽에 못 박을 일이 생긴다. 하루는 펜치로 못을 고정시키고 망치로 탕탕 박고 있었더니 옆집 새댁이 신기한 듯이 쳐다보았다. 기실 자기 남편은 남자가 되어가지고 못 하나 제대로 못 박는데 연약한 몸 어디에서 그런 힘이 나오냐는 것이다.

이건 힘이 아니고 요령이라고 웃었지만 부닥치는 많은 일 중에 못 박기가 제일 쉬운 일이라는 것을 별무리 없이 평탄하게 살아온 그녀가 눈치채기는 쉽지 않으리라.

인간을 비롯해 모든 생명체에는 그것을 이겨낼 수 있는 만큼의 고난이 주어진다고 한다. 그러므로 나는 앞으로도 '씩씩'을 외치며 씩씩하게 살아갈 작정이다.

탱자나무

화창한 휴일, 감기 기운을 핑계삼아 집에 있자니 머리가 더 지끈거리는 것 같아 길을 나섰다. 어디로 갈까 잠시 망설이다 강화도로 방향을 잡았다. 강화도만큼 역사적 유적이 많은 곳도 드물 것이다.

갑곶돈대와 곳곳에 상처처럼 남아 있는 외세 침략의 흔적과 피신처를 전전했던 왕조들의 발자취를 한데 모아놓은 박물관을 한 바퀴 돌아 나오다 성긴 모습으로 잔설에 발 담그고 홀로 서 있는 가시나무 한 그루와 마주쳤다. 조금 전에 보았던 여러 장면들을 싹 지우며 오롯이 파고드는 나무, 추억 속 내 고향에 지천으로 널려 있던 탱자나무가 이곳에 세월의 풍상을 이고 서 있었다.

이 갑곶리 탱자나무는 천연기념물이었다. 따뜻한 남쪽에서

만 자라는 걸로 알려진 탱자나무가 강화도에 뿌리박음으로써 우리나라 서해안 북쪽 한계선이 이곳임을 입증해준다고 한다. 적군을 방어하기 위해 성벽 밑에 심었다는 안내문이 아니더라도 나는 이 나무의 실용성을 익히 알고 있다.

가시를 키우면서도 절대 상대를 해코지 할 줄 모르고 오로지 남을 위해 주기만 하는 나무. 열매는 약재로, 묘목은 귤나무를 접붙일 때 바탕이 되는 대목臺木으로, 가시울타리는 또 얼마나 든든한 담장 노릇을 했던가.

따뜻한 반도 남쪽, 우리 동네에는 집집의 담장이 탱자나무였다. 가난하던 시절, 춘궁기를 지나는 5월이면 탱자나무는 잎보다 먼저 줄기 끝이나 가지 겨드랑이에 하얀 꽃을 희망처럼 피웠다.

봄날의 그 찬란한 햇살 아래 꽃이 지면 우리는 조바심치듯 날짜를 헤아리며 그 곁을 맴돌았다. 탱자나무는 그때부터 양식과 맞바꾸어질 열매를 키웠기 때문이다. 아직 덜 익은 새파란 열매를 잘라 햇볕에 말리면 기실(지실 : 枳實)이, 노란 열매를 따서 말리면 지각枳殼이란 한약재가 되어 그 시절 우리의 빈궁을 메워 주었다.

사라진 담장과 함께 기억에서 잊혀져가던 탱자나무와의 해후, 가난했지만 따스했던 그때의 정경이 아스라이 떠올랐다.

한결 맑아진 머리로 집으로 돌아오며 생각했다. 나는 지금까지 탱자나무처럼 살아본 적이 있는가? 그렇다고 억지를 쓰기에는 조금 염치가 없다.

내 가시로 남을 찌른 적이 없는가? 더러는 가시보다 더 날카로운 혀로 독설을 일삼았고, 내가 키운 열매라고 내 아이들에 대해서도 또 얼마나 욕심을 부렸는가. 튼튼한 담장이 되기는 커녕 은근히 자식들이 내 담장이 되기를 바란 적도 있다.

또한 사회에서는 대목역할을 했는가. 그것도 자신할 수 없으니 나는 덜 익은 탱자 정도의 인간인가 싶다. 위로삼을 것이 있다면 덜 익어도 기실이란 약재가 되는 탱자처럼 나도 어딘가에 쓰임받는 사람이었으면 한다.

한여름 노란 탱자가 열릴 계절쯤에는 보다 성숙해진 나의 자화상을 만나러 다시 한 번 강화도에 가야겠다.

노병은 죽지 않는다

요즘 외삼촌은 세상 무서운 게 없어졌다.

칠순이 넘으신 외삼촌이 실로 반세기 만에 잃어버렸던 자긍심을 찾은 것이다. 평생을 따라다니던 병마 따위도 그 기세가 무색해졌다. 자녀들에게도 할 말이 궁색해지면 엄포를 놓으신다.

"니들, 내가 국가유공자다."

그럴 때면 우리는 일부러 주눅 든 표정을 지어야 한다. 좀 더 극적인 외삼촌의 카타르시스를 위하여!

20여 년 전 외삼촌은 지방 병원에서 가망이 없다 하여 죽어도 원이나 없게 해드리자는 식구들의 주선으로 서울 큰 병원에 진료를 받으러 오셨다. 마지막으로 이 못난 조카가 보고 싶다는 기별을 받고 달려가던 바로 그때, 나는 외삼촌과 영영 이별인 줄 알았다.

누가 말했던가. '죽음은 하늘의 뜻'이라고. 외삼촌의 초인적 의지력에 죽음조차도 비켜갔다. 그 당시 건강하던 친구들은 먼저 저 세상으로 떠났지만 외삼촌은 자신의 명예를 찾기 위해 꿋꿋하게 병마와 싸우며 버티신 것이다.

6·25사변이 터지자 외삼촌은 해병대에 입대하셨다. 생과 사를 넘나드는 전쟁 속에서 스러지는 전우들을 낯선 산야에 두고 북으로 북으로 올라갔다. 해가 바뀌어도 끝날 줄 모르던 전쟁. 피아간의 선혈이 온 산을 붉게 물들이고 단풍마저 온통 핏빛이던 가을, 임진강 부근 67고지를 탈환하고 다시 빼앗기지 않으려고 사수하다 머리에 총탄을 맞고 의식을 잃었다. 뇌수술을 거쳐 긴 시간 후에 깨어난 곳은 인천의 미군병원이었다고 한다.

동지들은 더러는 시체로, 더러는 목에 걸고 있던 인식표 하나로 돌아왔지만 외삼촌은 운 좋게도 살아왔고 다음 해 1계급 특진을 하여 제대했다.

외아들을 전쟁에 보내놓고 노심초사하던 할아버지는 외삼촌이 돌아온 것만으로도 느껍고 흐뭇하여 다른 생각은 할 수가 없었다. 오로지 전쟁의 와중에 살아남은 것만이 대견하여 자비로 치료를 하면서 숨은 듯이 지냈다.

휴전과 분단의 아픔과 더불어 세월이 가면 나아지려니 했던 상처는 시간이 흐를수록 더 큰 후유증으로 외삼촌의 몸을 갉아대기 시작했고 그런 사이 가세도 기울었다.

많은 시간이 흐른 뒤 자신의 전상기록을 국가에 청원했지만 외삼촌의 전적은 어디에도 없었다. 어수선했던 정국에 외삼촌의 자취는 사라졌던 것이다. '안동호'란 이름으로 전쟁에 참전했던 사람이 없다는 짤막한 회신을 끝으로 외삼촌은 자신의 과거를 죽어간 전우들과 함께 가슴에 묻어야만 했다.

내 기억 속의 젊은 외삼촌은 여러 번의 대수술과 콩팥까지 파고든 이물질로 괴로워하시던 모습이다. 사촌들과 나는 수시로 외삼촌의 온몸을 발로 지근지근 밟아야 했다. 그러면서 어른들은 참 이상하다 싶었다. 내가 온전히 등에 올라가 발을 굴러도 아픈 내색은커녕 시원타 하셨으니……. 그렇게 사촌들과 나는 외삼촌의 앓는 소리를 자장가 삼으며 자랐다.

그러나 외삼촌에게 그런 고통 따위는 참을 만했지만 자신의 전적이 없어졌다는 것은 억울했다. 군번이 있고 싸움에 참전했던 곳이 있는데 이름이 없다니……. 힘없고 가난했던 시골 샌님은 별도리 없이 만신창이가 된 몸으로 어디다 하소연도 못하고 지워진 자신의 과거와 훈장 대신 남겨진 상처를 끌어안고 세상살이를 해야 했다.

평생의 절반쯤은 병원신세를 지고 나머지 절반쯤으로 호구를 위해 힘에 겨운 일을 했다. 그렇다 보니 외숙모의 고생 또한 말로 표현할 수 있겠는가. 양쪽의 크기가 틀린 수레바퀴를 돌리듯 벅차게 살았다.

외숙모가 시집오던 무렵을 떠올릴 때도 여전히 외삼촌은 상처투성이의 패장敗將이었다.

"세상에, 얼굴도 한 번 못 보고 시집와서 보니 이건 신랑이 아니라 병주머니더라. 첫날밤서부터 아프다고 끙끙 앓는데 딱 기가 차더라. 그날 이후 이날 이때까지 성한 날이 없다."

원망과 비감이 섞인 외숙모의 그 말씀 속에는 그래도 시난고난하면서 버텨주는 지아비를 향한 애틋한 사랑이 담겨 있었다.

자녀들을 다 성혼시킨 몇 년 전부터 외삼촌은 잊고 있던 자신의 전적을 찾기 위해 외로운 투쟁을 다시 시작했다. 우리는 도움을 주기는커녕 말리기에 급급했다. 소용없는 일에 너무 애쓰는 것 같아 안타까웠던 것이다. 단념하는 게 어떻겠느냐고 할 때면 외삼촌은 고개를 흔들며 절대 그럴 수 없노라 했다. 이제 얼마 남지 않은 여생, 돌아가시기 전에 자신의 전적을 찾아 기필코 국립묘지에 묻히고 싶다고 하셨다.

할아버지 옆자리를 마다하시고 자신의 죽을 자리를 찾아 나선 외삼촌, 그것은 잃어버린 명예를 찾기 전에는 마음놓고 죽을 수 없는 노병의 마지막 남은 자존심이었다.

오랫동안 다리품을 팔고 다니신 외삼촌은 드디어 자신과의 싸움, 국가와의 싸움에서 승리하셨다. 잃어버린 50년을 온전히 찾은 것이다.

국가유공자 인증패와 '대통령 이승만'의 직인이 찍힌 화랑무공훈장을 찾아오셨다. 일찍이 공적을 인정하고 내린 훈장이 어느 관계자의 관리 소홀로 먼지 속에서 잠자고 있었던 것이다.

훈장을 찾아오시던 날, 육체의 고통과 가난 속에 묻었던 웃음까지도 찾아오셨는지 내내 허허 웃으셨다. 외삼촌에게 그 인증패는 몇 푼의 보상금과는 바꿀 수 없는, 바로 자긍심이었던 것이다.

그날 이후 우리의 관심이 조금만 비켜나는 것 같으면 외삼촌은 목소리를 높여 자신의 존재를 드러내신다.

"내가 국가유공자다."

나는 그 말을 들을 때면 '노병은 죽지 않는다. 사라질 뿐이다.'라던 어느 장군을 떠올린다. 그렇다. 노병은 영원히 죽지 않을 것이다.

바람을 깨우는 소리

간절함이 컸던 탓일까? 뎅강뎅강, 제 몸을 던져 맑고 투명한 소리를 내는 소의 목도래(워낭)가 운명처럼 내게로 왔다. 못다 이룬 사랑을 애달파하는가. 속절없이 시린 내 가슴으로 파고들며 울었다.

소가 움직일 때마다 소리를 내는 워낭은 보통 쇳소리를 꺼리는 야수들에게 경각심을 주기 위해 쇠로 만든 것이 대부분이다. 그런데 내게로 온 목도래는 나무로 되었다. 그래서인가, 손끝에서 전해지던 그 살아 있음의 느낌은.

목덜미가 닿았던 활처럼 휜 나무는 반질반질 길이 들었고 줄을 꿰어 만든, 아래로 늘어지는 부분은 속을 파낸 원통을 가운데 두고 양옆으로 방울이 두 개 중심을 잡고 있어 바람만 스쳐도 맑디맑은 소리를 내었다.

그것을 받아드는 순간 나는 어느 화가의 그림에서 본 힘이 솟구치던 황소를 떠올렸다. 새벽안개 푸른빛을 배경으로 땅을 힘차게 받치고 선 다리, 떡 벌어진 어깨, 거친 숨결 사이로 허연 김을 내뿜는 그 생동감……. 틀을 박차고 튀어나올 것 같은 황소의 힘찬 박동이 내게로 전해지는 듯 내 맥박이 요동쳤다. 이 목도래도 필경 잘생긴 황소의 목을 감싸고 있었을 것이다. 그리하여 그 소의 당당한 위용을 더욱 빛내 주었을 게다.

방울은 대개 의사를 전달할 때 쓰인다. 아주 옛날 중국에서는 씨 뿌리는 절기를 알릴 때 큰 방울을 흔들고 다녔다고 하며 산사에서는 공양시간이나 법요를 행할 때 쓰였다. 또한 추녀 끝에 달린 풍경은 얼마나 운치를 더해주며 청명한 소리를 내는가.

내게 있어 방울은 잠자고 있는 의식을 깨우는 소리인 것 같다. 간절히 소망하지만 현실에 묶여 눌러둘 수밖에 없는 열망을 걷잡을 수 없이 점화시키는 그 무엇…….

어느 하루, 무엇에 홀린 듯 아슴푸레한 기억을 더듬어 황학동 벼룩시장을 찾아갔던 적이 있다. 그곳은 내가 소녀 적에 보았던 모습을 그대로 간직한 채 마치 암각화 속의 한 장면처럼 회색빛으로 정지된 느낌이었다.

시간이 멈춰 버린 듯한 곳을 나는 돌고 돌았다. 좁은 골목이 미로처럼 뒤엉켜 걷다 보면 제자리에 와 있었다. 딱히 예정한 행보도 아니었으니 바쁠 것도 없는 걸음으로 한참을 헤매다 잠시 한숨 돌리는 사이 나 보란 듯이 도드라져 내 시선을 끄는 게 있었다. 다섯 개의 방울이 한 송이 꽃처럼 매달린 요령이었다.

어느 무녀의 손끝에서 신명나게 울렸을 방울이 세월을 머금고 얌전히 놓여 있었다. 옆구리가 결려오는 듯한 느낌에 나는 그 자리에 멈춰 선 채 움직일 수가 없었다. 한창 전성기를 구가하던 옛날을 그리워하며 신기를 풀지 못해 몸살을 앓고 있는 방울이 내 몸 안에서 간신히 잠자고 있는 바람 닮은 열병을 깨우는 듯했다.

그러나 나는 그 요령을 사들고 오지 못했다. 그것을 가지고 싶은 욕망은 컸지만 그에 비례해 왠지 두려움도 컸다. 아마 그 요령을 흔들었을 어느 무녀를 상상하고 진저리를 쳤던 것 같다. 아니면 요령을 손에 드는 순간 내가 무녀처럼 신기를 발산하는 상상에 진저리쳤을지도…….

울긋불긋한 옷을 차려입은 무녀의 굿은 언제나 신명이 넘쳤다. 덩덩 덩더쿵, 북소리에 심장이 뜀을 뛰고는 하였다. 무녀는 하늘로 솟을 듯 춤을 추었고 박수의 장단은 밤새 그칠 줄 몰랐다.

조심스레 흔들리던 대끝이 파르르 떨릴 때면 그 끝이 나를 향해 뻗칠 것 같아 오금이 저렸다. 멀쩡하던 옆집 아주머니가 무녀가 흔들던 대를 넘겨받으면 갑자기 형형한 눈빛이 되어 그 집의 몇 대조 조상으로 강신해 사설을 늘어놓곤 하였던 것이다.

어쩌면 나는 무녀의 무병과 내 열병이 흡사함에 강한 충격을 받았는지 모른다. 그리고는 그날 이후 무병을 풀어내지 못하여 시들시들 시들어가는 여인의 환영을 지우듯 미친 듯이 내가 열망하던 일을 시작했던 것이다.

지금 나는 잘생긴 황소의 늠름한 기상을 고스란히 담아 내게로 온 목도래의 맑고 투명한 소리를 들으며 또 한 번의 반란을 꿈꾸고 있는 중이다.

꿈꾸는 신발

삼청공원 올라가는 좁은 길목에 상점이 하나 있다. 그곳에는 누군가의 발길을 기다리는 유별나게 눈길을 끄는 구두가 매번 진열되어 있다. 다른 구둣가게의 진열장과 다른 점은 원색의 색깔에 감히 아무나 소화하기 힘든 디자인의 구두가 서너 켤레 도드라진 포즈로 나부죽이 앉아 있다. 그 품새가 평범한 사람은 주인으로 모시길 거부하며 독특한 취향의 임자를 기다리고 있는 듯하다.

처음 몇 번은 도대체 저렇게 이상한 구두를 누가 신을까? 하며 지나쳤는데 어느 날부터 그 원색의 구두가 내 상상에 날개를 달아주는 것을 깨닫게 되었다.

신발은 어느 한 사람의 선택을 받는 순간 그의 분신이 되어 함께 길을 간다. 새 신은 발에 익숙해질 때까지 시간을 필요로

하지만 얼마 동안 길들이기를 끝낸 신발은 그 사람의 일부분인 듯 주인의 성격이나 걸음걸이를 닮아가며 단련을 받을 터이다. 또한 신발은 미래를 제시하기도, 어떤 일을 시작하기 위해서 각오를 다지는 뜻으로도 '신들메를 고쳐 맨다.'고 하듯 단지 상징성만 나타내기도 한다.

신은 원래 발을 보호하기 위하여 착용하기 시작했다. 예로부터 서민들의 짚신, 사대부의 비단신, 흙 땅에서 신을 수 있는 나막신, 갖바치들의 정성이 밴 가죽신, 발목까지 감싸는 장화 등 종류도 다양하게 발달해 왔다. 고분벽화에까지 나타나는 신은 그 사람의 신분을 나타내기도 하였다. 백제 무녕왕릉武寧王陵에서 출토된 금동신발金銅飾履은 주인의 영화와 화려함의 극치를 보여준다.

그리스신화에 나오는 영웅 테세우스는 이웃나라 트로이젠 공주의 몸에서 태어났다. 그는 신표인 가죽신과 칼을 가지고 자신의 아버지인 아테나이의 아이게우스 왕을 만나러 간다. 그에게 신발은 자신이 누구인지를 알려주는 징표이다.

이사도라 던컨에게는 도전에 다름 아니다. 1900년대 초, 그때까지 당연시되어 오던 토슈즈를 벗어던짐으로써 전통 발레에서 벗어나 현대무용에로의 새로움에 도전하였던 것이다. 모험과 도전, 그러고 보니 '움직이는 사람에게는 신데렐라의 유리구두가 주어지고 그 구두를 신은 사람에게는 더 큰 기회'가 온다던 말이 생각난다.

어린 시절, 섣달 그믐날 밤 야광귀夜光鬼라는 귀신이 섬돌 위에 벗어둔 신발을 맞으면 신고 간다하여 전전긍긍했던 기억이 난다. 그러나 동화 속 주인공을 꿈꾸던 나는 신발을 잃어버리고 불행을 맞을까 봐 걱정한 일보다 신데렐라의 유리구두가 훨씬 더 내 마음을 움직였다. 신데렐라는 신발을 잃어버림으로써 왕자를 만나지 않았는가. 새 운동화 한 켤레 얻어 신는 것도 흔치 않던 시절 왕자까지 만날 수 있는 연결고리인 구두라니, 내 상상 속의 신은 꿈의 기제가 되기에 충분했다.

지금도 그 생각은 변함없어 신발이야말로 여성들의 꿈을 담고 있는 것이 아닐까 한다. 남성에 비해 상대적으로 여성들은 많은 종류의 신발을 가지고 있고 또 욕심을 부리는 것 같다. 유행에 민감하지 못한 나도 꼽아 보니 제법 여러 켤레의 구두를 가지고 있다. 그런데 내 구두는 대부분 검정색 일색이다. 매번 화려한 톤에 눈이 머물다가도 체념을 한 탓이다. 더러는 색깔과 무늬가 모두 톡톡 튀는 구두를 신고 변신을 한 번 꾀해 봤으면 하는 갈망도 있지만 고작 꿈꾸는 정도에 머문 사실들을 나 자신이 잘 안다.

20대 후반에 용기를 내어 청람색의 망사구두를 한 번 가져본 적이 있긴 하다. 쪽빛의 아른아른한 망사를 감싸안듯 같은 색깔의 가죽이 얌전히 테를 두른 그 구두는, 손꼽을 정도로 내 발과 조우를 하다가 어느 날 소박데기가 되어 내 생활 밖으로 밀려났다.

며칠 전 인사동 삼지길 깊숙한 곳의 쇼윈도 앞에 나는 한참을 서 있었다. 그곳 진열장의 구두 역시 삼청동 그 가게만큼 이색적이어서 잠시 발길을 멈춘 참이었다. 올여름에는 샌들이 화려함의 극치를 보인다고 했는데 과연 그곳에 있는 구두는 모두 눈부시도록 곱고 강렬했다. 넘치는 열정을 내뿜듯 원색의 물결이 출렁거렸다. 꽃, 나비, 동물무늬에 대담한 보석장식까지……. 굽도 코르크, 원목 따위로 다양하고 바닥에 활짝 핀 꽃잎이 아롱진 것도 있었다.

차마 안으로 들어갈 용기를 내지 못하고 남의 세계를 엿보듯 기웃거리다 우연히 젊은 연인이 구두를 고르는 모습을 보게 되었다. 신중히 구두를 고르는 어깨 넓은 청년과 흘러내리는 긴 머리카락을 연신 쓸어올리는 처녀가 참으로 잘 어울려 보였다. 유리창 한 겹을 통해 바라보는 그곳은 다분히 비현실적이고 몽환적인 분위기를 연출해 나에게 뭉클한 감동을 주었다.

나는 그곳에 서서 어쩌면 저 젊은 연인이 구두를 고르는 것이 아니라 구두가 그 연인들을 강하게 끌어당기는 건 아닐까 생각해 보았다. 음전하게, 수동적으로 선택되길 기다리는 게 아니라 그들 나름의 꿈을 가지고 제각기 다른 모양과 색깔로 에너지를 뿜으며 자신을 분신처럼 소중히 여겨줄 사람과 함께 어울리기를 기도하고 있을지도…….

오늘도 신발들은 유리창 너머의 세상을 향해 스스로의 꿈을 키우고 있다.

뻐꾹새 울다

뻐꾹새가 한나절을 피를 토하듯 운다. 뻐꾹 뻑뻐국 뻐꾹, 그 소리가 온 산을 채우고도 남아 메아리를 만든다.

'이리 오너라, 네 어미가 여기 있다.'

간절함이 뼈에 사무친다. 어쩔 수 없이 남의 손에 키운 자식이지만 어미 품으로 찾아오라고 애달피 운다.

요사이 나는 주말이면 남의 땅 한귀퉁이에 씨를 묻고 풀을 매는 재미를 붙였다. 기승을 떨치는 잡초와 실랑이를 하다 보면 세상사 복잡한 일이 모두 부질없다 여겨진다. 더우면 한 줄기 바람이 지나가고, 심심하다 싶으면 새들이 제각각의 노래로 귀를 즐겁게 한다.

오늘도 밭고랑에 앉아 마음 밭에 무성히 돋은 잡초를 뽑듯 김을 매는데 뻐꾸기 소리가 가슴을 쳤다. 심상치 않은 울음이었다.

어렸을 적 이모와 뙈기밭에 콩잎을 따러 갈 때면 들리던 뻐꾸기소리도 왠지 모르게 어린 가슴을 울렸지만 오늘은 더 유난스럽다. 아닐 것이다. 이제야 그 울음이 새끼를 부르는 애끓는 어미의 언어임을 눈치챈 내 심장이 먼저 알아들은 것 같다.

몇 해 전 텔레비전에서 뻐꾸기가 붉은머리오목눈이의 둥지에 알을 낳는 장면을 방영하였다. 알에서 갓 깬 뻐꾸기새끼도 본능적인 몸짓으로 아직 부화되지 못한 진짜 주인의 알을 밖으로 밀쳐내는 것이었다. 그 이후 뻐꾸기는 나쁜 새라고 낙인이 찍혀버렸다.

하지만 자연의 이치를 인간의 눈으로 평가할 수는 없는 노릇이다. 몸이 길고 다리가 짧은 뻐꾸기는 구조적으로 알을 품을 수 없단다. 부리조차 남달라 둥우리를 틀지도 못한다니 자신의 알을 남의 손에 맡길 수밖에 없는 숙명이다. 그러니 어찌 그를 탓할 수 있을 것인가.

나는 한때 자기 자식을 거두지 못하는 어미를 나무랐다. 상황이 어떻든 제 속으로 낳은 아이를 스스로 책임져야 할 것이 아니냐고 핏대를 세웠다. 어쩔 수 없이 떼어놓고 피눈물로 지새우는 그 심정을 헤아리려 하지 않았다. 누군들 자식을 제 손으로 키우고 싶지 않은 이가 있으랴. 나의 잣대로 남의 인생을 잴 일이 아님을 그때는 미처 깨닫지 못한 탓이다.

알고 보면 뻐꾹새는 자연의 순환에 꼭 필요한 일을 한다.

번식력이 강한 새의 둥지에만 알을 맡김으로써 일방적으로 한 종류가 불어나는 것을 조절한단다. 그러니 조물주의 깊은 뜻을 인간의 관점으로 판단해 미워하고 분개할 일이 아닌 것이다. 도리어 새끼가 어미를 찾아오지 못할까 봐 노심초사 피를 토하듯 울어대는 그 조바심에 동정을 해야 좋으리.

출생한 지 사흘 만에 부모에게 버림받은 한 목숨이 청년으로 성장하였다. 그의 이름은 드니 성호. 첫돌도 안 되어 '좋아하는 것은 우유, 신체적 특징은 없다.'는 문서 한 장으로 벨기에의 가정에 입양된 그가 서른한 살 늠름한 장부의 모습으로 조국을 찾아왔다. 자신을 버린 어머니에 대한 분노로 한때 방황하기도 했다는 그, 하지만 이제는 유럽 음악계의 떠오르는 별이 되어 재외동포재단의 초청을 받아 당당히 기타를 메고 온 것이다. 그리고는 자신의 생모를 찾고 있다.

"엄마, 제 노래가 들리세요?"

뿌리치려고 해도 뿌리칠 수 없는 핏줄의 당김에 끌려 북극의 동토를 건너온 그, 양부모의 사랑만으로는 채워지지 않는 허기를 채우기 위해 모국을 찾은 그, 자신을 버린 제 나라를 찾아온 그도 혹시 뻐꾹새 울음소리를 들었던 게 아닐까.

뻐꾸기어미를 찾아 태평양을 건너온 또 한 사람이 있다. 엊그제 아메리칸발레시어터의 단원으로 한국을 찾은 어여쁜 처녀의 한 마디가 많은 이들의 가슴을 뭉클하게 했다.

"엄마, 어디 계세요……. 저랑 닮았나요?"

피를 속일 수 없듯 돌솥비빔밥과 김치를 좋아한다는 그녀도 외국인 가정에 입양되어 자랐다. 좌절했을 때 용기를 불어넣어준 양부모에게 감사하는 그녀지만 생모에 대한 간절함은 외면할 수 없는 사실이다.

숨기고 싶은 자신의 과거가 알려질까, 죄책감 등 이런저런 이유로 울음을 멈추어버린 뻐꾸기어미. 자신의 의지와는 상관없이 운명적으로 남의 둥지에서 자란 새끼들은 입을 모아 그 어미를 향해 나직하게 속삭인다.

"엄마! 보고 싶어요."

그 산의 바다

비알에 널브러져 있는 도화 꽃빛이 좋아서 눈길을 팔다 '만어사'라는 이정표를 보았을 때 내 생각은 만 갈래로 흩어져 나갔다. 절 이름의 단순한 느낌보다는 '만어'라는 어감이 주는 상상이 만 갈래를 쳤기 때문이다.

촌로에게 길을 묻자 '만어사萬魚寺', 곧 그곳에는 1만 마리의 물고기가 산다고 했다. 누천년을 이어온 산고의 애달픔이 새까맣게 몸을 태워 이젠 푸른 몸뚱이로 유영遊泳한다니……. 언덕보다 높은 곳에서 손만 대면 와르르 쏟아지는 물고기 떼, 긴 세월 그치지 않고 아직도 계속 산통産痛을 하고 있다는 그곳으로 길을 돌렸다.

가도 가도 길은 끝이 없는 듯하다. 좁고 비탈진 산길은 위태위태하여 불안하기 짝이 없다. 잘못 든 길인 양하여 돌아서려고 해도 낭떠러지 외길이라 그마저 쉽지 않다. 어쩔 수 없는 심정으로 식은땀에 흠뻑 젖을 즈음 '감물리', '만어사'란 목침만 한 팻말이 갈래길에 서 있다. 감물리라, 그래 다른 호기심이 발동하지만 어느 하나를 포기해야 할 경우가 있음을 나는 안다. 왼쪽 만어사 길로 들어선다.

옛날 옛적에, 동해 용왕의 아들이 자신의 수명이 다한 것을 알고 낙동강 건너 무척산의 스님을 찾아가 새로 살 곳을 부탁했다. 스님이 일러준 대로 길을 떠나는 그의 뒤를 숱한 고기떼가 따랐다. 이곳에 당도한 그는 미륵돌로 변하고 고기들도 크고 작은 돌이 되어 그 자리에 만어사가 생긴 까닭이 되었단다.

산모롱이를 도는 순간 저만큼 너덜겅이 마중 나와 섰다. 계곡을 그득히 메운 검은 고기들과 맞닥뜨리자 내 심장이 우웅 징소리를 낸다. 바위라 한들 누천년 비바람에 빛이라도 바랬으련만, 허나 태초의 기상 그대로다. 검디검은 청석靑石이 한꺼번에 와그르르 내 귓전으로 쏟아진다.

물이 그리운 고기들인지라 밤이면 몰래 몰래 건너편 계곡으로 뛰어넘은 성싶다. 아래 골짝의 무리들도 어젯밤에 가로지른 길을 건넜음이 분명하다. 그 길을 거슬러 나는 오른다.

만어사는 규모가 작은 절이었다. 절간 마당으로 드니 옛 모습은 간곳없고 후세 사람들이 지은 대웅전, 미륵전이 아담하다. 물을 떠나 이곳에 오른 고기들의 역사를 지켜본 그때의 하늘 대신 고려시대의 3층석탑만이 호젓하게 서 있다.

시누대 병풍 숲을 둥지삼아 쏟아지는 돌무더기가 흡사 몸을 푸는 모습만 같다. 어미망상어 뱃속에서 깨어나는 새끼처럼 바위들이 쏟아지고 있다. 그렇게 배 아파 낳은 물고기들이 골짝을 그득 채우고 있다.

옛사람들이 보던 그 바다를 오늘은 내가 보고 있다. 천만 년, 이 돌의 고기 떼로 하여 한순간도 출렁임을 멈춘 적이 없는 세상, 무상無常으로서의 영원한 자연이다. 산과 바다, 혹은 땅과 물 사이에 있는 그래서 그 자연이 빚어내는 절정의 언어가 빛난다. 그렇다. 이곳은 무상으로서의 영원한 바다, 그 바다에서 치솟은 산이다.

만어석萬魚石들이 펄떡펄떡 몸을 일으켜서 아래로 아래로 향한다. 그들은 어디로 가는 길인가. 멀리 낙강의 한모퉁이를 채우려는 강한 몸부림인가. 아니면 자신들의 본향인 동해를 향한 오롯한 동작인지도 모른다. 수도자의 길이 이만이나 할까. 천만 년의 걸음을 가지고도 닿을 수 없는 이상의 길을 재촉하고 있다.

그 힘은 어디로부터 오는 것인가. 그것은 이제껏 미륵전 옆에서 쉼없이 치솟아 저들을 살려온 생명수가 아닐까 한다. 원래 너덜지대에는 물이 고일 수가 없는데 마르지 않고 흐르는 정신수精神水는 동해의 밀물과 썰물에 따라 높낮이가 달라진다니, 아직 동해 그 어미와 탯줄로 연결되어 있음이다. 여태도 그들은 어미의 양수에서 헤엄치고 있는 것이다. 그래서인지 이곳에 서서 나는 풍경소리보다 밀물과 썰물이 들고나는 바닷소리를 듣는다.

아랫마을에는 도화가 한창이었다. 절간 앞의 느티나무는 아직 순도 틔우지 않았는데 말이다. 오로지 동백 한 그루만이 붉은 피울음으로 신열을 앓으며 돌고기들의 긴 행렬을 축원하고 있다. 나그네의 발길을 쫓아왔는지 저만큼 분홍꽃을 매단 벚나무 한 그루가 돌밭에 발을 숨기고 우두커니 서서 동백의 붉음에 감히 다가서질 못한다.

두드릴 때마다 맑은 금옥소리가 난다는 종석鐘石 사이를 나는 걸어본다. 아련히 꽹과리소리가 들리는 듯하다. 장대비 쏟아지는 날 산정에 올라서면 돌너덜이 서로 몸을 부딪쳐 꽹과리 소리를 낸다고 한다.

짬을 내어 언제 다시 어산魚山에 오르면 용과 고기들의 북받치는 그 소리를 나도 들을 수 있으리라. 좋은 돋보기 들고 믿어지지 않는 옛이야기를 내 그때 살피리라. 누천년의 소리에 귀 기울여 하늘의 뜻까지 살피리라. 검은 돌의 굳게 닫힌 문을 열고 옛부처의 얼굴과 내 선조들의 마음마저 살피리라.

또 다른 만 년의 세월이 흐른 뒤에도 그 산의 바다는 그 넓이와 깊이 그대로 살아 있을 것이다.

돌아오지 않는 강

좌석을 배정받고 시간이 남아 공항 전망대에 올랐다. 서서히 어둠이 깔리기 시작하는 바깥 풍경은 내 기분과는 다르게 다분히 감상적이기까지 하다. 좌측 하늘에서 유난히 반짝이는 별 하나가 점점 가까이 다가오고 있다. 가까워지던 별이 두 개의 작은 별을 거느리더니 형체를 드러낸다.

익숙해져 있던 것에서의 탈출, 미지를 향한 호기심으로 가슴이 설렌다.

가을은 어딘가로 막연히 떠나고 싶은 계절이다. 그러나 여행은 돌아올 곳이 전제되어 있어야 마음이 놓인다.

우리 모임에서 항상 싱그러운 웃음을 보여주던 한 남자가 이 가을 속으로 긴 여행을 떠났다. 추억을 남기고 돌아오지 않는 강을 건너 떠난 그는 영영 우리 곁으로 돌아오지 않을 것이다. 살아남은 우리는 눈물 흘리고 애절해 했지만 정작 그는 말이 없었다.

그가 떠나고 난 뒤 나는 내내 우울하여 어딘가로 떠나고 싶어 길을 나섰지만 마땅히 갈 곳이 없다.

1시간도 안 되어 비행기는 고향 근처 공항에 날개를 접었다.

객지의 여관방에 누워 돌아오지 않는 강을 건넌 또 한 사람, 할아버지를 떠올렸다.

내 정신적 지주이던 할아버지의 죽음은 내겐 크나큰 슬픔이었다. 나를 지탱해 주던 기둥 하나가 넘어진 듯 견디기 힘들었다. 살아 있는 사람들의 말을 위안삼는 사이 시간은 흘러 나는 차차 일상으로 돌아왔으나 이런 계절이 오면 다시금 아픔이 솟곤 한다.

사랑의 환희도 이별의 슬픔도 처음과 똑같은 느낌이라면 필시 미쳐버릴 것이라고 누군가 얘기했었다. 인간에겐 이렇듯 시간이란 묘약이 있어 슬픔의 빛깔을 옅게 한다고 하지 않던가.

할아버지가 계신 동네를 찾아 들었다. 가파른 고개를 넘어가다 꺾어들던 옛길은 새 길에 밀려 연인들의 드라이브코스로나 이용될 뿐 한적하기 그지없다. 정적감 묻은 바람 한 자락이 지나가며 낙엽을 떨어트린다. 내려다뵈는 아래 새로 뚫린 터널 속으로 무심히 차들이 빨려들고 있다.

내리막길을 지나 좌측 좁은 길로 들어서자 이내 다른 세상이 펼쳐진다. 망자들이 오밀조밀 모여사는 동네. 초가를 연상하는 낮은 봉분들이 촘촘히 들어앉아 서로를 의지하고 있다. 오랜만에 들렀더니 비바람에 씻긴 무덤이 더 낮아 보인다. 앞산을 물들인 단풍 색깔이 처연하도록 아름답다.

봉분 사이에 드러누워 하늘을 보았다. 넉넉하게 품어 안는 가을 햇살이 따스했다. 가라앉는 기분을 추슬러 주는 하얀 새털구름의 아늑함에 취해 스르르 눈을 감으니 저승인가 싶고 살포시 눈을 뜨면 이승이다. 삶과 죽음이 바로 이런 것일까.

두고 떠나온, 내가 살던 도시의 한 풍경이 떠오른다.

창경궁 홍화문弘化門 건너편에는 택시기사들의 쉼터가 있다. 말이 쉼터이지 그곳은 본시 화장실이다. 화장실 벽을 의지해 커피장수가 있고 단골인 그들은 길가에 쭈그리고 앉아 컵라면을 먹거나 커피를 마시며 잠깐의 휴식을 취한다. 하필 화장실 앞인가 하겠지만 언필칭 담장 너머는 영안실이다.

담장 하나를 사이에 두고 생과 사가 갈린다. 어둠의 저쪽으로 사라져가는 사람들을 아랑곳없이 담장 이쪽의 사람들은 사는 동안 열심히 살아간다. 그들도 언젠가는 떠날 것이지만 아직까지는 하루에도 몇 번씩 '돌아올 수 있는 강'을 넘나들 수 있으므로 느긋한 것이다.

죽음은 본향으로 돌아가는 것이라고 한다. 생을 마감하는 날 내가 태어날 때 떠나온 그곳, 저승에 돌아갈 자리가 있다고 하더라도 아직까지의 내 자리는 바로 도시의 한귀퉁이, 내 가족이 날 기다리고 있는 곳이다. 나를 기다리는 사람들이 있고 돌아갈 곳이 있다는 것은 또 얼마나 안심되는 일인가.

나는 그동안 수없이 한강을 넘나들었다. 사는 것에 의문이 생길 때면 그 책임이 이 도시에 있는 것처럼 다시는 돌아오지 않을 양 훨훨 떠났다. 그러나 매번 길게는 몇 개월 짧게는 며칠 만에 돌아왔다. 떠날 때의 암담함과는 달리 돌아올 때의 그 수굿함을 어떻게 설명해야 좋을까?

다시 돌아온 눈으로 바라본 한강은 마치 어렸을 때 느끼던 포근한 엄마의 품속 같은 아늑함이었고 물비늘 위로 반짝이는 빛의 파장을 보는 순간이면 내가 있어야할 곳이 바로 이곳이라는 강한 느낌을 받곤 했다. 그럴 때면 얼마 전의 암울함은 모두 털어지고 치열한 군상들 속에 섞여 부딪치며 살아가는 게 가장 내게 어울릴 것 같은 마음이 되어 강을 넘을 수 있었다.

할아버지의 죽음도 그의 죽음도 그것에 더 집착할 필요는 없을 것 같다. 할아버지의 비통한 죽음의 상처를 세월에 실어 보냈듯 그의 죽음도 세월이 흐르면 별수 없이 나의 뇌리에서 사라지리라. 나는 그저 열심히 한강을 건너면 될 것이다. 그것이 할아버지와 그의 죽음에 대한 살아남은 내가 할 수 있는 최선의 몸짓이 아닐까?

이틀의 방황을 끝내고 돌아오며 열차를 탔다. 나는 모처럼 레일 위를 달리는 금속성 열차 소리를 듣고 싶었고 역동하는 몸짓을 느끼며 한강을 넘고 싶었다. 늑골을 통해 짜릿하게 전해지는 강의 움직임을, 살아 있음을 온몸으로 확인하고 싶었다.

생성과 소멸, 오고 감의 이치를 새삼스레 느끼며 한강을 넘어 내 자리로 돌아왔다. 이 가을에…….

봄 꿈

기억하고 계시나요. 달마저 구름 사이로 숨어버린 그날 밤 말입니다. 배냇골을 찾아들던 그날 당신의 옆자리에 앉아 세상을 보았지요. 모든 것들이 잠들고 오롯이 별들만이 쏟아질 듯한 암흑 속을 당신은 묵묵히 앞만 응시하며 달렸고 그런 당신의 옆모습을 훔쳐보며 나는 가슴 덜컹이는 느낌을 받았지요.

당신은 산길 모롱이에 있는 공동묘지를 지나며 생각난 듯 몇십 년의 세월조차도 어쩌지 못한, 배냇골을 떠나지 못하고 있는 영혼들에 대하여 무겁고 암울한 소리를 내뱉었지요. 나는 왜 바로 그 순간 아이러니하게 주검 같은 어둠에서 한 가닥 희망 닮은 사랑을 꿈꾸었는지 모르겠네요.

어디 세상사가 아이러니한 일 아닌 것이 있을라구요. 여성의 자궁을 닮아 배태고개라 이름 붙은 그곳 또한 수없이 많은 젊은이들의 주검을 묵묵히 지켜볼 수밖에 없었다지 않아요.

6·25 때 그곳은 좌익의 은신처로 쓰였다지요. 채 꿈도 꾸어보지 못한 그들, 채 꽃도 피워보지 못하고 봉오리로 접어야 했던 젊음과 이상理想이 차마 그곳을 떠나지 못하고 안개 되어 골짜기에 스며 있는 듯했지요. 공비소탕 작전으로 산천에 피를 뿌리며 사라져간 그들의 운명은 어쩔 수 없는 것이었을까요? 스러져가는 그들을 모성의 본능으로 보호해 주지 못한 한恨을 가슴에 품고 속울음을 울어야 했을 우리들의 그 산야.

다음날 아침, 눈을 뜨고 무심코 밖을 내다보다 또 한 번 가슴 무너지는 소리를 들었지요. 이렇듯 청량한 곳에, 그렇듯 싱그러운 곳에서 목숨을 꺾어야 했던 그들의 청춘이 못 견디도록 짠한 아픔으로 다가왔지요.

더욱더 안타까운 것은 포화 속에서도, 죽고 사는 것을 기약할 수 없는 상황에서도 사랑에 빠진 남녀가 있었다지요? 애절하게, 상대를 바라보는 것만으로도 숨소리 뜨거워지는 역사를 했겠지요. 그들에게 절실한 것은 안락한 내일도, 가슴 벅찬 행복도 아닌 짧은 의식을 치를 장소였다지요. 하늘은 보여도 좋으니 두 사람의 몸을 가려 줄 수 있는 반듯한 공간만이 간절했다는 그들의 욕구 앞에 무릎이라도 꿇고 싶은 심정이었답니다. 사랑이란 그렇게 때와 장소 가리지 않고 소리없이 스며드는 것일까요.

어제는 동백꽃 뚝뚝 지는 나무 아래 한참을 서 있었어요.

쏟아져 내리는 선홍의 비를 맞으며……. 가슴에 피멍이 들도록 후회없이 그리움 쏟아내고 절정의 순간에 그 정열 고이 접어 제 몸 던질 줄 아는 용기에 가슴이 먹먹했지요.

그런데 나는 사랑하는 일이 무에 그리 어렵다고 허둥대기만 하는지 참 모르겠네요. 아니지요, 이 나이가 되어서도 익숙지 못한 내 사랑의 노릇은 서투름에서 오는 당황함이겠지요.

아니면 〈그리스인 조르바〉의 젊은 두목 오그레처럼 자신에게조차 솔직하지 못해서가 아닐는지요. 왜 매번 자기감정에 충실하지 못하여 마음대로 틀을 만들어 놓고 그곳에 자신을 가두려는 것일까요? 동백나무 아래에서조차도 왜 애써 따슨 가슴을 식히느라 숨을 골라야 했는지 잘 모르겠네요.

주검을 옆에 둔 절박한 상황에서도 사랑을 한 저들에게는 없던 내일이 내게는 있는데도 말이에요. 맞아요. 내게 내일이 있다는 것, 혼곤한 봄 꿈에 한 번쯤 취해 봐도 된다는 뜻. 그렇지요, 네.

학꽁치 잡는 남자

휴일 아침 지우知友에게서 바다 내음을 맡으러 오라는 전화가 왔다. 남편이 간밤에 거문도로 낚시 갔다가 태풍이 온다는 소식을 접하고 철수준비를 하는 그 와중에 아내의 몫으로 학꽁치(학공치)를 잡아왔다고 한다.

그렇지 않아도 온몸의 기가 쇠진한 듯 일상이 숨막히던 참이었다. 어디론가 떠나 에너지를 충전받고 싶은 마음 굴뚝같았지만 현실이 그렇게 자유로운가. 이런 내 기분을 눈치챈 그녀와 그녀 남편의 합작품이리라. 어디 바다 냄새뿐인가, 파도 소리까지 들리는 듯하여 한달음에 달려갔다.

그는 분명 바다를 통째로 담고 왔을 것이다. 나는 그로부터 달빛이 없어도 은파로 일렁이고 있을 이즈음 남녘의 바다 소식을 듣고 새로운 기운을 얼마쯤은 충전할 수 있을 것이다. 제철

맞은 학꽁치가 떼지어 해면 위로 솟구칠 때면 온통 은빛으로 빛나는 바다를 기억해내며 나는 탄성을 지를 것이다.

날씬한 자태에 곧게 뻗은 아래턱과 끝부분의 작은 홍점이 마치 학의 부리와 흡사한 학꽁치는 진짜 낚시꾼들한테는 미운 천덕꾸러기 취급을 받는다. 밑밥을 주면 감성돔 대신 새까맣게 몰려들어 꾼들에게는 미움을 받지만 초보들에게는 쉽게 쿨러를 채울 수 있어 좌절 대신 용기를 주는 놈이기도 하다.

지우는 우리의 작은 만찬을 준비하느라 분주하였고 그녀의 남편은 익숙한 솜씨로 칼질을 하고 있었다. 회색 도시의 식탁에 은빛바다가 그대로 옮겨와 있었다.

깻잎 곁들인 상추 위에 얇게 저민 회를 놓아 입안에 넣으니 달착지근 쌉싸름한 맛이 목울대를 타고 넘었다. 사는 게 버거워질 때마다 나를 표나지 않게 위로해주는 그들 부부의 정이 새삼 잔잔한 감동으로 여울져 콧등이 싸아했다.

10여 년 전 나는 매우 어려운 처지에 있었다. 그동안 아이들을 키우며 조금씩 저축할 정도가 되던 사업이 내리막길을 걷기 시작하여 복구할 수 없는 손해를 보게 되었다. 가진 것이라곤 겨우 살고 있는 작은 아파트뿐 먹고살 일이 막막했다. 당장 벌어먹을 일이 까마득하던 차에 영업용택시라도 몰아야겠다고 한 것이 더 큰 화근이 되었다. 빗길에 미끄러지며 사고를 낸 것이다. 피해차량이 네 대나 되었다.

매일 밤 악몽에 시달리며 진땀을 흘리고 15층 아파트에서 뛰어내리고 싶은 충동에 사로잡히던 바로 그때 그녀가 내 곁에 있어 주었다. 어쩌면 죽고 싶도록 힘들던 그 시절을 별 후유증 없이 넘기게 해준 것도 그들 내외 덕택일 것이다.

학꽁치를 썰며 쾌활하게 바다 소식을 전해 주는 그녀의 남편으로부터 또 다른 모습을 본다. 내색은 않지만 나는 그에게도 경제 한파가 비켜가지 않았음을 눈치챌 수 있다. 요즈음 부쩍 잦은 바다낚시는 아마 새로운 힘의 충전을 위함일 것이다. 겨울바다와 칼바람에 맞서서 낚싯대를 드리우며 그가 기다리는 것은 대어만은 아닐 터이다. 그의 어깨에 얹힌 가족의 무게와 그에 비례하는 사랑을 자산으로 다시 비상할 날을 위해 날개를 잠시 쉬는 것이리라.

자신의 힘겨움 잠시 감추고 세월을 낚는 남자. 저만큼 다가선 태풍을 느끼면서도 낚시를 드리우는 남자. 아마 그는 얼마 지나지 않아 날개를 훨훨 펼치며 높이 높이 비상할 것이다. 내게서 힘겨운 세월이 비켜갔듯이 나는 그들의 어려움도 그의 의지 앞에 오래 머물 수 없음을 믿는다.

해풍 머금은 만찬은 한동안 내 삶에 또 다른 힘이 될 것이다. 가슴에 가득 찬 우정의 온기가 흐트러질까 봐 어깨를 웅크리고 돌아서는 나를 그녀와 그녀의 남편이 한참을 지켜보고 서 있었다. 때마침 내리기 시작한 꽃잎 같은 백설이 그들의 머리에 쌓이고 있었다.

하늘 · 땅 · 새
복사꽃장
신라의 미인
목격자를 찾습니다
벗어도 좋으리
그는 정말 산으로 갔을까
나무오리 한 쌍
안개에 묻혀
나의 얼짱
귀여리에서

하늘 · 땅 · 새

갈밭 소리

당신은 그 소릴 들어 보셨나요. 찬비 온 다음날 젖은 몸으로 우는 갈대의 소리를 말이에요. 빗물 흠씬 밴 몸을 서로 부딪치며 내는 그 소리를요. 물기 없이 서걱대며 돌개바람에 이리저리 흔들리던 지난 가을과는 전혀 다른 그들의 언어를 말입니다.

겨울의 끝자락 갈 숲에 섰습니다. 지난봄부터 갈피갈피 밀어올렸던 꿈을 가을에서야 드디어 하얗게 꽃피웠더랬지요. 그러다 난데없이 눈비 섞어 치는 칼바람에 놀라 땅으로 낮게 몸 눕히며 붉디붉게 울음 우는 소리를 듣습니다.

늦은 가을, 큰 키 나무에 기대어 흔들리는 그들 무리를 만난 적이 있습니다. 그날은 마른 노랫소리도 들렸지요. 갈밭에서

스란치맛자락 스치는 소리가 나대요. 개망초 대궁이 서로 몸을 비비며 내는 소리는 또 어떻고요. 꼭 작은 스푼으로 샤베트를 뜰 때 나는 소리 같았지요.

고니 흰 구름으로 떠 서로를 겨루고 있는 강물에 햇살이 스러지는 소리를 당신도 들어보셨나요.

등 뒤 키 낮은 숲에서는 새들이 부산스러웠습니다. 한참 발길을 멈추고 속닥임을 엿듣다가 고개를 갸웃했지요. 그들은 지금 사랑을 나누는 것일까요, 아니면 축제라도 펼치는 것일까요. 그도 아니라면 혹시 그들 나름의 내밀함을 나로 인해 방해받아 불평하는 것은 아닐는지요. 거듭 거듭 나는 속으로 방해할 마음 전혀 없었다고 부인하지만 안심시킬 수단이 없어 안타깝고 민망합니다. 그들과 나 사이에 가로놓인 벽이 느껴지네요.

당신은 그 모습을 보셨나요. 소리만으로는 심이 차지 않는지 몸짓으로 춤을 추는 모습을요. 어둠이 날개를 길게 펼 때 아래로 아래로 몸 낮춰 바람을 맞는 모습두요. 한살이를 끝낸 야생초들이 자연에 순응하며 몸빛을 바꾸는 것이 무척 순해 보입디다. 연회색 강아지풀, 뿌연 개망초, 대궁을 불그레하게 물들인 억새 무리 그 모두가 땅의 색을 닮아가고 있습니다.

미사리는 그들의 치열한 삶터입니다.

갈대, 물억새, 부들, 달뿌리풀, 창포, 줄, 버들, 강아지풀,

부래옥잠, 여뀌, 띠, 갯버들, 개망초 등등이 서로 자신들의 영역을 고수하며 살고 있습니다. 어쩌면 그렇게 끼리끼리 어깨걸이를 하고 있을까요. 그들은 혼자 나서지 않고 모여 사는 법을 일찌감치 터득한 것 같습니다. 아니면 홀로 피어서는 너무 보잘것없지만 군락을 이루면 장관이라는 사실도 알아챈 것이겠지요.

무리 지어 사는 게 어디 풀들만인가요. 갈밭 비켜난 웅덩이에 떼지어 노니는 청둥오리들이 보입니다. 그 중 두 마리 하늘로 궁둥이를 치켜들고 발은 수중발레리나처럼 헤적이며 먹이를 찾고 있네요. 나름의 삶을 위해 오늘도 그들은 동분서주합니다. 겨우내 둥우리를 틀어 밀어를 속삭이던 그들이 떠난 자리에 봄이 올 것입니다.

봄은 그 소리들의 합주로 오는 것이 아닐까 싶습니다. 그 모든 것들의 춤사위가 봄을 불러들이는 것이 아닐는지요. 그렇지 않으면 어느 봄날 한꺼번에 그처럼 넘치는 힘으로 뿜어져 나올 수가 있을까요. 이 모든 섭리가 자연의 이치라는 걸 깨달았습니다.

철새 날다

두물머리를 거쳐 한강의 이름을 부여받은 곳에 고니들이 하얗게 내려 앉아 있었어요. 처음 그들을 보았을 때는 날갯짓에 머리를 파묻고 있어 솜덩이인가, 밤새 소식없이 살포시 내린 첫눈인가 하였지요. 갈숲 한 바퀴 돌아 나오니 긴 목 쭈욱 빼고 유유히 강물의 흐름에 몸을 맡기고 있어 〈백조의 호수〉를 춤추는 무용수 같기도 하고 소녀의 여린 손끝으로 접은 종이학 같기도 했습니다.

그날 마른 숲에는 고니 한 마리 외따로 웅크리고 있기도 하였지요. 무서리 내린 날 알을 품을 리 만무하고 먼 비행 끝에 날개라도 다친 게 아닌가 걱정했는데 다음날 보니 그가 앉았던 풀밭이 동그마니 비어 있어 안도의 숨을 쉬었어요. 도랑이 가로막아 사람의 손길이 타지 않는 곳이니 틀림없이 저들의 무리 속으로 다시 섞여들었을 테니까요.

백조라고도 불리는 고니는 그 우아한 자태로 동화 속 공주나 왕자의 변신으로 곧잘 나타나지만 지구 오염으로 그 수가 점점 줄어들고 있다니 안타깝네요. 그러고 보니 수난을 당하는 새가 어디 고니뿐인가요. 발을 손처럼 사용하고, 인간처럼 말하며, 사람처럼 헌신적으로 사랑하여, 그래서 사람들을 열광시키는 앵무새. 그 중에서도 스픽스유리금강앵무는 신비로운 파란 빛깔 때문에 더 열광적인 사랑을 받아 멸종되었다고 하네요. 남획과 서식지인 숲의 파괴로 야생상태에서 멸종된 스픽스앵무새. 아이러니하게도 인간에게 사랑받아 멸종하다니요.

누가 더 많은 종류의 새를 북아메리카 안에서 목격하는지를 겨루는 시합이 있다고 합디다. 참가자들은 철새 이동 경로를 찾아 엄청난 경비를 들이며 미친 듯이 쫓는다고 하네요. 설마 그들의 철새에게로 향하는 집착도 멸종으로 이어지지는 않겠지요.

얼마 전에 강이 우는 소리가, 얼음이 갈라지는 소리가 듣고 싶어 길을 나섰다가 겨울 강 둔치에서 또 다른 철새들과 해후를 했지요. 새까맣게 내려앉은 후조候鳥를 보면서 그제야 눈치 챘습니다. 가슴을 꽁꽁 얼린 강은 새를 품지 못하는 것을.

저물 녘 집으로 돌아오는 길에 그들의 화려하고 장엄한 군무에 넋을 잃었더랬어요. 하늘을 수놓으며 날갯짓하는 새 떼들, 어느 무용수의 춤사위가 그처럼 아름다울 수 있을까 싶게 감동적이었지요. 음악이 있는 것도 구령이 있는 것도 아닌데 머리를 서북향으로 두고 사람 인人자를 그리며 일사분란하게 열을 맞춰 차례로 비상하는 수천 마리 새 떼들의 모습이라니요. 더러는 게으른 놈 한 마리 뒤늦게 날개를 퍼덕이며 무리를 따르는 품새가 웃음을 자아내게도 했지만요. 언제쯤 나도 자연에 순응하는 저들처럼 사는 법을 배울는지요.

천 년도 더 전 경도 측정이 되지 않았던 때 끝없이 펼쳐진 바다를 넘어 새로운 이상향의 나라를 찾던 항해자들은 돛단배 한 척, 또는 그 이상의 쌍선 카누를 타고 바다로 조심스레 나갔다지요. 지상낙원이 그리 쉽게 도달할 수 있는 곳이던가요. 희

생자 또한 수를 헬 수 없을 정도로 많았다고 합니다. 바다 한가운데서 길을 잃고 헤매던 뱃사람들에게 새 떼는 행운에 다름 아니었지요. 새가 날아가는 방향은 그들 뱃사람들에게 훌륭한 길잡이 노릇을 했을 테니까요.

자신들이 떠나온 곳으로 돌아갈 긴 장도를 앞두고 비행연습을 하고 있는 철새들. 그들을 물안개 깊은 가을날 재회할 수 있기를 고대합니다.

하늘 그림

다 저문 저녁 때 하늘을 날아보신 적 있나요. 어둘 녘 하얀 액자 속에 가득 들앉은 그림을 봅니다. 비행기의 창문, 두 뼘과 세 뼘 남짓의 사각 틀 한가운데 가로선을 굵게 긋고 우리가 사는 땅 쪽으로는 짙은 군청색 어둠을 깔았습니다. 그 위로는 불타는 자홍색이 아스라이 펼쳐져 있군요. 타는 핏빛이 조금씩 엷어지다 못내 푸르디푸른 청빛이 됩니다. 개밥바라기만이 점 하나로 찍혀 도드라져 보이네요.

하늘 위에 하늘이 또 있다니 어린 날에는 상상조차 못한 일입니다. 일몰과 더불어 낮과 밤이 바뀌는 하늘을 우러르며 별자리를 보고 꿈을 키우던 때가 있었지요.

조금 나이 들어 한가로운 곳에 작은 보금자리를 갖고 싶던 적도요. 옛님처럼 자연은 울타리삼아 둘러두고 팔을 뻗으면 손이 닿을 만한 곳에 과실나무 한 그루 심고 싶었던 것도 다

하늘 때문이었지요. 작열하는 태양 아래 타는 갈증 감추고 활화산 같은 정열 뿜는 능소화에 반한 탓이기도 했지만 어쩌면 그건 순전히 능소화가 저 노을빛 닮은 까닭이었을지도 모르지요. 이제는 내 시야가 닿는 곳뿐만 아니라 그 너머에 언젠가 내가 돌아갈 또 하나의 하늘이 있다는 것을 압니다.

어느새 하얀 프레임 속이 검정색으로 채워졌네요. 비행기가 나래를 펴는 순간부터 김포공항에 다리를 접는 45분 동안 그 광경을 놓칠세라 눈을 깜박이는 것조차 아까워하였지만 하늘은 낮에서 밤으로 넘어와 있군요.

내일 아침을 위해 나는 깜깜한 밤을 헤치고 버스에 오릅니다. 언젠가는 돌아갈 하늘과 땅, 그날까지 나는 길 위로 나선 나그네니까요.

복사꽃장

도화나무 하늘을 향해 팔을 뻗어 봄의 축제를 벌인다. 언덕배기를 가득 메우며 춤사위를 펼치는 복사꽃, 누굴 가슴에 담았길래 저토록 붉디붉게 마음을 끓이고 있나. 그 사품을 시새움하는 탱자나무가 가시울타리를 널따랗게 에둘러 그 붉음을 가두려 애쓰고 있다.

저수지 입구의 벚나무 꽃빛이 무색하였다. '그것도 붉음이냐.'고 복숭아나무가 놀리는 듯하였다.

몇십 번, 몇백 번을 맞는 봄이련만 한날같이 철철 흘리는 피, 비알을 물들이고도 아물지 않아 옹이로 불거진 관절. 그도 나처럼 아픈 것일까.

봄이면 내 몸도 싹을 틔우려 든다. 몸 어딘가에 자리잡는 옹이로 인해 속앓이를 하다 보면 봄이 어느 결에 저만큼 가고 있었다. 몇 번째 치른 해프닝이 공교롭게도 모두 봄이었던 것이다.

매번 몸이 나를 놀리는 것을 알고서 놓친 계절이 아쉬워 긴 한숨을 쉬어본들 무슨 소용이 있으랴. 어쩌면 몸도 주인의 무관심과 혹사에 견디다 못해 지른 비명이었는지 모른다.

이 봄도 그렇게 놓칠 뻔했다. 시난고난하다 에라 모르겠다 떨치고 나선 날, 삼랑진 어름의 복사꽃도 신열에 들떠 언덕을 온통 붉게 물들이고 있었다. 열꽃이 몸을 달궈 고통마저 사라졌나. 무시로 뭉근히 전해지던 통증이 씻은 듯하였다. 그게 바로 지지난주였다.

그 정경과 빛깔을 잊지 못해 지우知友가 싼 도시락을 들고 오늘은 북한강 어귀로 나선다. 남쪽보다도 봄의 화신이 늦게 도착할 터이니 지금쯤 이곳에도 도원桃源이 펼쳐졌으리라 여긴 때문이다.

문호리의 바치울 산자락 복사꽃밭에서 밥을 먹는다. 물기 없는 버들개지를 뚝 분질러 젓가락을 만들어 즐기는 우리만의 만찬. 찰밥 한 덩이에 반찬 두 가지일망정 분홍 꽃빛이 사방을 에워싸고 있으니 이보다 더 화려한 성찬은 없을 것 같다. 햇살마저 눈부시니 예가 무릉도원 아닌가.

복숭아나무는 오목五木 가운데 가장 정기가 좋다. 이른 봄 찬기운이 채 가시기 전에 잎보다 먼저 꽃을 피우는 복사꽃을 빼고는 도연명의 신선경을 떠올릴 수 없다.

石經雲裡少　　桃花雨剪齊
更添今日寂　　正借昔人迷

돌길은 구름 속에 파묻혀 비좁아지고
복사꽃은 비를 맞아 모두 지고 있어
오늘은 더더욱 적막하고나
옛사람 헤맨 곳이 바로 여기던가

임억령의 〈도화경〉이다. 돌길이 이어진 골짜기는 구름 속에 묻혀 희미하고 꽃잎은 비에 젖어 떨어진다. 꽃잎을 쫓아 냇물을 거슬러 오르다 무릉도원을 발견한 도연명의 어부를 떠올리는 나그네, 혹여 꽃잎이 떠내려 오는 것이 아닌가 싶어 자꾸 냇물을 곁눈질한다.

도화는 그 호사함으로 하여 칭송과 함께 경계도 많이 받았다. 꽃의 화사함을 아름다운 여인, 그 중에서도 요염한 여인으로 여겨 옛 선비들은 경계했다지만 도리어 춘심에 감응하지 못하는 인색함을 탓해야 하리. 도화 만발한 날 아리따운 여인에게 한눈에 반한 당나라 시인 최호의 솔직한 심경이 가슴으로 파고든다.

去年今日此門中　　人面桃花相映紅
人面不知何處去　　桃花依舊笑春風

작년 오늘 이 집 앞을 지날 때는
여인의 얼굴과 복사꽃이 서로 자랑하듯 비쳤는데
어여쁜 그 모습은 어디로 가고
복사꽃만 예처럼 봄바람에 웃고 있네

아련한 봄날, 도화 꽃빛이 온 천지를 달뜨게 하는데 사랑하지 않고 어이 배기랴.

신라의 미인

자동차 소리가 요란한 한길에서 몇 발자국 되지 않는 곳에 이런 세계가 있다니……. 숲으로 들자마자 갑자기 앞을 턱 막아서는 시선과 부딪혔다. 신선한 충격에 휩싸인다.

≪삼국유사≫에 의하면 신라 경덕왕이 백률사를 찾았을 때 어디선가 염불 소리가 들려 땅을 파 보니 네모난 큰 바위가 나왔다나. 그래서 바위의 사방에 불상을 모시고 절을 지어 굴불사掘佛寺라 하였다지만 지금은 오롯이 석불만 남아 있다.

1,300년을 살아남은 삼존불과 눈을 맞추는 순간 그 위용에 숨이 멎을 것만 같다.

가운데 본존불은 신체만 돌기둥에 조각했고 머리는 따로 만들어 우뚝 솟구쳐 놓았다. 등에 멘 바위가 마치 중생들의 업을 송두리째 그러모아 짊어지고 있는 듯하다. 왼쪽에 선 입상은

머리를 잃어버렸지만 남은 모습으로서도 어림짐작할 만한 기품을 내뿜고 있다. 그런데 우측 아미타여래가 강렬한 느낌으로 나를 전율케 한다. 특히 그의 미모에 가슴이 뛴다.

신라의 미인이 이토록 아름다웠단 말인가. 어디 아름다움뿐인가. 가슴을 내밀고 선 그 늠름한 자태가 현대의 미인으로도 넘볼 수 없는 매력을 지녔다. 머리에 높은 관을 쓰고 있어서만은 아니다. 당당하면서도 넘쳐흐르는 귀품을 그 누가 따를 수 있으랴. 지그시 내려다보는 눈매와 온전한 코, 귀 모두가 잘도 조화를 이뤘다.

손바닥이 바깥으로 향한 오른손과 주름진 옷자락 끝에 살짝 닿아 있는 왼손, 힘을 모으고 선 발가락이 얼마나 섬세한지 살아 움직이는 입체감으로 다가온다. 오랜 세월도 모양을 흩트리지 못한 그 발로 금방이라도 걸음을 뗄 것 같아 조바심이 인다. 어느 남정네가 저런 미인에게 반하지 않으랴.

누구의 솜씨가 저토록 섬세했던가. 혹여 그는 사랑하는 연인을 바위에 심은 것이 아니었는지. 사모스서의 조각가 피그말리온처럼.

피그말리온은 완벽한 여인을 만드는 것을 목표로 끊임없이 돌에다 조각을 했다고 한다. 그리고는 마침내 자신의 마음에 쏙 드는 완벽한 여인상을 만들었다. 자신의 대리석 연인에 빠져 있느라 다른 처녀들에게는 눈길도 보내지 않은 그는 필연적으로 이룰 수 없는 사랑에 빠질 운명이었다. 그녀의 입술을,

그녀의 눈동자를 바라보기만 해도 사랑의 감정이 끓어오르는 것을 어찌할 것인가. 마침내 그의 애절한 소망은 비너스 신에게도 전해졌다. 차갑던 대리석은 피가 흐르고 심장이 뛰는 여인이 되었다던가. 그러나 행복도 잠시, 흐르는 세월 따라 늙어가는 여인의 모습을 고통스레 지켜봐야 했으니…….

이곳에 아미타여래를 새긴 도공은 피그말리온보다는 훨씬 높은 수를 두고 있다. 욕심 버린 그로 인해 천 년을 훌쩍 넘긴 이제도 변함없는 미모로 살아 있지 않은가. 영원한 사랑의 주인공 그는 거듭 거듭 윤회를 하여 지금도 사랑을 나누고 있을 것 같다.

시계 방향으로 탑돌이를 하는 신라인의 후예를 따라 나도 왼쪽으로 천천히 걸음을 뗀다. 북쪽면에 두 입상이 있다. 오른쪽은 돋을새김의 둥글고 예쁜 얼굴에 굴곡 있는 우아한 자세이며, 왼쪽은 얼굴이 열하나에 여섯 개의 손을 가진 관음보살이 얇은 선으로 음각되어 있다.

다시 옆으로 돌자 지그시 눈감고 해 뜨는 쪽을 향해 가부좌를 튼 약사여래좌상의 모습이 의연하다. 활기차고 긴장감이 넘쳐흐르는 신체에 발바닥이 애교스럽고 왼손바닥에 올려놓은 여의주가 선명하다.

그런데 인생의 굴곡이 이마에 선명한 한 노파가 약사여래 무릎 아래 앉아 장정 두엇이 매달려야 들 수 있을 듯한 바위를 조약돌로 갈고 있다. 맷돌을 돌리듯 쉬지 않고 움직이며 연신

주문을 왼다. 간절한 기원이 약사여래에게 닿고도 남겠다. 무슨 사연이 저토록 절절할까. 덩달아 나까지 숙연해진다.

노파의 모습 위로 옛사람 희명希明과 그 어미의 모습이 겹쳐진다. 분황사 관음보살에게 매달리던 까마득한 신라의 여인들이다. 눈 먼 딸 희명을 앞세운 그 어미의 피를 토하는 비손이 관세음보살에 닿았다는 전설을 옛이야기로만 돌려야 하는가. 지금 저 노파도 하나뿐인 자식의 명을 잇기 위해 저토록 통절히 자신의 몸뚱이를 갈 듯 돌을 갈고 있는 것은 아닐는지.

신라의 서울 경주는 어느 곳엘 가도 선인들의 숨결이 살아있다. 남산이야 말할 나위없지만 오늘처럼 어느 산을 오르든 운만 좋으면 천 년이 훨씬 넘는 세월에도 지워지지 않은 미소와 맞닥뜨린다. 곳곳에 숨어 있는 부처들, 그들의 모습에서 신라인들은 너나없이 모두 예술혼을 가진 사람들이었음을 눈치챈다. 골짜기마다에 그들 순연한 신앙을 새긴 마음, 서방정토를 염원하던 원력願力이 지금에까지 이어져 있다.

고뇌와 슬픔, 행복과 불행 그 모든 것을 바위에 새긴 마음, 그것이 신앙이 되었으리라.

목격자를 찾습니다

자지러지게 전화가 울어댔다. 잠결에 수화기를 들자 착 가라앉은 목소리가 흘러 나왔다. '규하오빠 아느냐.'는 소리에 나를 감싸고 있던 설핏한 잠에서 번쩍 깨어났다. 그 목소리의 주인은 오빠의 엄마인, 이모였다.

살아 있으니 만난다는 이모의 말 끝부분은 한숨 속에 녹아 분명하게 들리지 않았다. 이모의 카랑카랑하던 목소리는 물먹은 솜마냥 무거웠다. 기억의 저편 깊숙한 곳에서 영상 하나가 동그마니 솟아올랐다.

대구 이모, 그 외아들 규하오빠. 어렸을 때 친척집을 전전하던 내가 잠시 머물던 곳이 먼 친척뻘 이모댁이었다. 이모의 깐깐한 성격은 열한 살이었던 내겐 가혹한 시집살이에 버금가는 생활이었다. 풀해서 다듬이질한 이불 홑청이 풀이 약하다고 물에다 담그면서 다시 하라고 호통을 칠 정도였다. 소아마비로 다리를 절던 삼수생 규하오빠는 언제나 내 편이었고 하루는 이대로 뒀다가는 애 죽이겠다고 하면서, 내 손을 잡고 외가로 나를 데리고 나섰다.

그리고는 서로 소식도 모른 채 많은 세월이 흘렀다.

같은 서울에 살고 있으면서도 서로 모르고 지낸 것이 안타까워 열일 제쳐놓고 나는 이모를 찾아갔다. 그러나 오빠는 이미 서울에 없었다. 아니 어디에고 없었다. 뺑소니 차바퀴에 눌려 땅속으로 사라진 지 오래였다. 도저히 믿을 수가 없어 그 자리에 찾아갔을 때는 '목격자를 찾습니다'라는 현수막이 지나온 날짜를 말해 주는 양 눈비에 절고 찢겨 몸부림치고 있었다.

'나를 죽인 사람을 찾습니다. 찾습니다.'

오빠가 허공에서 절규하고 있었고 이모의 미련이 현수막을 떼어내지 못하고 한숨을 보태고 있었다.

순간 편리하다고 타던 자동차가 갑자기 무시무시한 괴물이 되어 나를 덮치는 것 같았다. 차마 나는 다시 핸들을 잡을 용기가 나지 않았다. 갑자기 휘발유의 역겨운 냄새가 창자를 뒤집어 놓는 듯했고 흙냄새가 간절히 맡고 싶었다. 그냥 어디론지 걷고 싶었다.

차를 두고 나는 강가로 내려섰다. 강변에는 네온사인 불빛보다 더 많은 차들이 질주하고 있었다. 제각기 어느 누구라도 앞을 가로막으면 용서할 수 없다는 듯이 씽씽 달리고 있었다.

나는 둑에 앉아 심한 고독감을 느꼈다. 세상 모든 것으로부터 따돌림당한 것 같은 소외감에 온몸이 덜덜 떨려왔다. 아니 그 떨림은 멀리 있는 것 같던 죽음의 그림자가 내 가까이 있음이었다. 세계에서도 이름 높다는 교통사고의 도시 서울에서 나 또한 많은 사람들 중의 하나였다. 지금까지 먼 곳에 있는 남의 일로만 생각하고 살아온 내 무감각에 소름이 오르르 돋아났다.

돌을 하나 집어 한강을 향해 힘껏 던졌다.

어머니가 군자교 강둑 아래에서 구멍가게를 할 때였다. 여름이었는데 새벽 1시쯤 무덥고 잠이 안 와서 문을 열고 나가니까 강둑에 차가 한 대 서 있고 무엇을 버리는 듯하였다. 그런데 날이 새고 시끌시끌해서 나가 보니 교통사고 난 여자의 시체였다. 어머니는 무심코 두런거리는 사람들 속에서 "아! 어젯밤 그 차였구나." 했다.

그 말 한 마디 때문에 어머니는 며칠을 경찰서에 불려 다니느라 진땀을 뺐다. 진땀뿐이랴. 마치 죄인인 것처럼 다루는 형사의 태도에도 몸서리가 쳐졌다. 가게 문도 닫아야 했으니 이래저래 손해가 컸다. 어머니는 똑같은 소리 물어보고 또 물어보고 입에 쓴물이 날 지경이었다고 진저리를 쳤다. 고개를 설레설레 흔들며 다시는 어리석은 짓하지 않겠다고 다짐하셨다. 나는 그런 어머니에게 뭣하러 아는 척해서 괜한 고생하느냐고 불퉁스레 핀잔을 주었다.

퇴색되었던 기억이 선명히 떠오르면서 얼굴이 화끈거려 주위를 둘러봤다. 다행히 아무도 없음에 안도의 한숨을 내쉬는 순간 또 다른 기억이 묻어 나왔다.

송추를 지나 드라이브 코스를 신나게 달리던 중이었다. 앞서 가던 차가 급정거를 했고 나도 놀래서 아슬아슬하게 피하며 멈췄다. 이미 승용차 한 대는 중앙선을 넘어온 지프차에 정면으로 충돌해서 고개를 외로 꼬고 있었다.

눈 깜박할 사이의 일이었다. 급히 앞차에 탔던 두 사람이 달려들어 운전자는 끌어내렸지만 옆자리의 회색 스커트를 입은 여자는 차체가 찌그러지면서 그 사이에 끼어 축 처져 있었다. 태연히 석고상처럼 앉아 있는 그녀는 이미 숨이 끊어진 듯하였다.

나는 쳐다보는 것만으로도 숨이 막힐 정도로 무서웠다. 거기다 보태 경찰차의 사이렌 소리와 동시에 내 머릿속을 반짝하고 스친 것은 아는 척해서 귀찮지 말자는 거였다. 어머니가 나서서 날 더러 아는 척 말라고 손짓을 하는 것 같았다. 회색 스커트가 확대되면서 쫓아왔지만 무의식적으로 기어를 넣고 핸들을 돌려 기를 쓰고 도망왔다.

해거름 회색 어둠이 공범이 되어 오빠를 무너뜨리고 갔지만 어느 누구도 입 열어 말하려 하지 않았다. 장님 되고 벙어리 된 이유는 귀찮아서 또는 보복이 두려워서였다. 나 또한 그들

중의 하나였다.

돌멩이 하나에 몸을 파르르 떨던 강물이 잔잔해졌다. 그 위로 겁쟁이 내 그림자가 불안하게 흔들렸다. 강물 위로 시내 곳곳에 걸려 있는 '목격자를 찾습니다'라는 현수막이 일제히 모여 상여를 뒤따르는 만장기가 되어 엉키는 듯하였다. 나와 같은 방관자들을 향해 무언의 호소를 하고 있었다. 만장기의 행렬이 내 시민정신을 향해 한 걸음 한 걸음 덮쳐오는 것 같았다.

벗어도 좋으리

여인은 벌거벗고 있었다. 그것도 부처님이 빤히 바라보는 곳에서 옷을 벗은 채 숫저운 표정을 짓고 있었다.

목아박물관 마당의 벌거벗은 여인이 집으로 돌아오는 나를 줄곧 따라붙었다. 그는 왜 하필 부처님 앞에서 옷을 벗고 있는 것일까.

바로 그때, 햇살이 눈부시던 어느 여름의 적멸보궁을 지키는 큰스님 앞에서 벗은 채 포즈를 취하고 있던 염치없는 목백일홍의 인상적인 광경이 떠올랐다. 어쩌라고? 어쩌라고 저토록 부끄러운 몸짓으로 맨몸을 드러내놓고 수도승 앞에 서 있단 말인가. 그해 여름날은 내가 몹시 애가 타 신열이 올랐다.

석가모니불 앞에 벗고 있던 여인과 큰스님 앞에서 맨살을 드러내 놓고 있던 목백일홍, 득도한 부처님이나 수행자에게 저들의 의미는 무엇일까.

창원 북면에 있는 백월산白月山에는 노힐부득과 달달박박의 전설이 전해진다.

옛날 옛적 백월산 아랫마을에 두 청년이 살았다. 그들은 뜻이 있어 속세를 버리고 산중으로 들어갔다.

수도 정진한 지 3년쯤 된 날, 절세 미모의 한 낭자가 박박을 찾아와 하룻밤 묵어가길 청했다. 수도하는 곳에 부정타게끔 어찌 여인을 들일 것인가. 박박은 그녀의 청을 단호히 거절하고 문을 걸어 닿았다.

문전박대당한 그녀는 부득을 찾아간다. 부득은 그녀를 맞아들여 쉴 자리를 마련해 주었다. 청정을 제일로 하는 수도장이지만 중생을 구제하는 일 또한 보살행의 하나임을 그는 잊지 않았던 것이다. 여인은 밤이 깊어지자 몸이 불편하다며 도움을 청하고 목욕을 할 수 있게 해달라고 한다. 뿐인가, 그 물에 부득도 목욕을 하라니?

여인의 요청에 옷을 벗은 노힐부득이 물에 몸을 담그자 당장 온몸이 황금색으로 변하며 눈앞에 연화대가 나타난다. 성불을 한 것이다.

구도자 앞에 종종 모습을 드러내는 여인은 유혹의 화신인가, 득도에 이르게 하는 관음보살의 현신인가.

황진이의 유혹에 넘어간 지족선사를 우리는 파계한 스님으로 웃음거리삼아 이야기한다. 더불어 미인의 유혹에 꿈쩍하지 않았다는 서경덕은 되레 칭송한다. 여인의 미모에 동하지 않는 남자를 어찌 사내라 할까. 더더구나 여인의 곡진함을 무참히 외면한 일은 그야말로 얼마나 비인간적인가. 나는 신이 만든 예술품 중에 가장 아름답다는 여인을 외면한 서화담보다 지족선사의 인간미에 더한 점수를 주고 싶다.

인간적인 정말로 인간적인 또 한 사람 원효. 문천교蚊川校 아래 떨어져 그 밤 젖은 몸으로 요석궁에 들 명분을 마련하는 원효의 인간미. 그래서 나는 선묘낭자의 사모하는 마음을 애써 모른 체한 의상보다는 요석공주의 사랑을 받아들인 원효를 흠모한다. 누가 요석궁으로 든 원효를 폄하할 수 있는가. 도리어 무엇에도 얽매이지 않았던 인간 원효를 흠모해야 마땅하리라.

도를 이룬 자의 마음씀으로 보살행을 행한 그의 치적을 일일이 나열할 필요는 없으리라. 승복을 벗고 스스로 소성거사小姓居師라 하며 백성들 속으로 들어간 원효. 그는 요석궁에서 나와 아무 거리낌 없이 살며 무애無碍의 경지에 들었던 것이다.

티베트의 밀교(탄트라 불교)에서는 고대로부터 남신과 여신이 교접하는 모습을 형상화한 불상을 숭배했다고 한다. 그들은 남자의 지혜와 여자의 자비가 합쳐져 완벽한 우주가 된다고 여겨 해탈이나 구도의 과정을 남녀의 교접에서 찾았다.

옴마니반메훔을 외고 남근상을 숭상하며 쾌락과 금욕을 같은 선 위에 놓은 그들과 다른, 우리의 방식으로 나타나는 여인의 모습은 참으로 내게 애틋한 정감마저 불러일으킨다.

어느 한쪽으로 치우침 없이 물 흐르듯 상황을 끌어안는 그런 자세로 속세에서 속되지 않게 사는 사람이 있다면 그 앞에서는 옷을 벗어도 좋으리.

그는 정말 산으로 갔을까

간밤에 녀석은 제 아비를 따라 산으로 갔단다. 정말 그는 산으로 간 것일까?

며칠째 사람 사는 곳까지 내려와 애달피 울던 고라니의 울음소리는 듣는 이의 심금을 건드렸다. 피울음을 토하듯 꺽꺽거리는 소리에 새끼고라니의 임시 어미 노릇을 하던 풍경화 주인장은 분명 그 아비일 거라는 확신을 가졌단다.

자연에서 온 녀석을 다시 돌려보내기로 결심한 주인장, 새끼고라니의 팔딱이는 심장박동을 체온으로 느끼며 캄캄한 들길을 걸었다는 주인장의 모습이 그림처럼 선명하게 그려진다. 그들 가족의 보금자리가 있던 곳에 녀석을 두고 오며 간절한 기도를 했다는 그의 애틋한 마음씨조차도 손에 잡힐 듯하다.

하지만 나는 영 마음이 놓이질 않는다. 온종일 녀석의 모습이 눈에 밟혀 일손이 허둥댄다. 비록 짧은 만남이었지만 그를 생각하면 참으로 애달픈 심경이다.

나는 요즘 어떤 종류의 이별이든 이렇게 힘이 든다. 될 수 있으면 새로운 인연을 만들지 말아야겠다는 엉뚱한 생각을 해보지만 가라앉은 기분은 쉽게 풀릴 것 같지 않다.

소 먹이는 이가 천정부지로 치솟는 사료값 때문에 궁여지책으로 개울가에 군락을 이룬 억새를 베기로 했단다. 그 와중에 그들 고라니가족이 수난을 당한 것이다.

억새밭에 보금자리를 마련하여 이제 금방 몸을 푼 그 어미에게는 청천벽력이었다. 예초기의 칼날이 사정없이 윙윙거리며 다가왔지만 어미는 차마 막 태어난 새끼를 두고 혼자 달아날 수 없었는가 보았다. 모든 이들이 입에 침이 마르도록 칭송하는 끈끈한 모정은 짐승인 고라니에게도 예외가 아닌 모양이었다. 자신의 목숨과 새끼를 바꾸기로 결연히 작정하였으니 말이다.

작업을 하던 인부들이 눈치를 챘을 때 이미 어미는 피투성이가 되어 숨을 넘긴 상태였다. 새끼를 보호하기 위해 품어 안고 예초기의 칼날을 고스란히 받은 어미의 주검 앞에 누구하나 입을 떼지 못했다.

점점 메말라가는 인심과 더불어 인간 세상에서는 자식을 버리는 모진 어미가 더러 있지만 그것은 어둠의 한부분일 뿐이다. 불의의 사고를 당하는 긴박한 찰나에도 어린 자식을 살려야겠다는 일념으로 자신의 몸을 방패삼은 모정 앞에 우리는 감동의 눈시울을 적시지 않는가. 나는 이번 일을 계기로 모정의 무게에는 인간과 짐승에 하등의 차이가 없다고 여기게 되었다.

어쨌든 어미는 죽었지만 살아남은 새끼를 거두는 것 또한 인간의 도리일 터. 사연 많은 생명을 가리지 않고 거두는 풍경화 주인장에게 긴급 구호요청이 온 것은 어쩌면 당연한 수순이었다.

마침 나는 주인장이 주사기로 녀석에게 우유를 먹이는 모습을 보았다. 참으로 안타깝기 그지없는 노릇이었다. 거기다 녀석은 아직도 제 어미를 죽인 사람이 얼마나 무서운지 전혀 모르는 눈치였다. 기척이 느껴지면 혹 제 어미인가 여겨 젖을 찾는 양 아무 데나 입을 들이미니 그 정경은 참으로 딱하였다. 부랴부랴 가축병원으로 달려가 우유병을 사오며 나 스스로가 아비 없는 늦둥이를 본 기분이었다면 너무 비약한 것일런가. 내 심정이 꼭 그랬다.

고라니가 농작물을 망쳐놓는다고 분통을 터트리는 농부에게는 죄송한 마음이지만 조물주의 입장에서 본다면 그도 살 권리가 주어진 엄연한 생명체일 것이다. 더구나 그 순진한 눈망울을 보고서야……. 걸음도 못 떼는 어린 목숨은 내 몸속 깊은 곳에 내제되어 있던 모성애를 끓어오르게 했다.

그러고 나서 열흘, 녀석을 보러 짬을 내어 풍경화에 들렀더니 산으로 돌려보냈다는 주인장의 말이었다. 밤새 누구에게 해코지를 당하지는 않았는가 싶어 신새벽에 그 자리로 달려가 보았는데 흐트러진 흔적이 없는 걸 보니 분명 제 아비를 따라 갔을 거라는 그의 설명을 듣고도 나는 여전히 마음이 짠한 것이다.

정말 그는 산으로 간 것일까?

나무오리 한 쌍

새 두 마리를 가방에 담아오다 공항 검색대에서 걸렸다. 내 행동이 아무래도 어설펐던 모양이다. 입국 심사를 하는 이가 가방을 가리켰다.

"뭐요."

"샌데요."

조류독감이니 뭐니 하는 판국이니 당연히 그의 눈이 빛났다. 날카로운 발톱과 그에 비견할 만한 부리를 가진 수리가 먹잇감을 발견한 듯했다. 그의 기세가 상승하는 만큼 나는 주눅이 들었다. 한 건 올린 그의 손이 내 가방을 들추었다, 변명할 틈도 없이.

"오리예요."

'기껏 나온다는 말이 그뿐인가.'

스스로 생각해도 면구스러웠다. 내 심정은 아랑곳없이 녀석들이 주둥이를 불쑥 내민 채 새까만 눈동자를 반짝이며 해프닝을 지켜보고 있었다.

뭔가에 마음을 빼앗기는 일은 걷잡을 수 없이 마음에 불을 놓는다. 꼭 그것이 사람과의 사랑이 아닌 물건을 향한 마음이라도 말이다. 수집은 일종의 호기심을 좇는 행위다. 아니다. 공허를 채우는 것이라고 했다.

"수집가들은 자기가 수집하는 물건에서 어떤 특별한 의미를 찾으며 바로 이 의미가 그 물건에 가치를 부여한다. 이 초월의 순간, 초월을 소유하는 순간이 모든 수집물을 소중한 것으로 만든다. 어떤 면에서 모든 수집물이 토템이다."라고 필립 블롬은 수집의 역사를 밝혔다.

수집이라고 이름 붙이기에는 미흡하지만 나는 한동안 연필과 작은 자전거에 몰두했다. 56킬로미터의 선을 그릴 수 있고 4만 5천 단어를 쓸 수 있다는 한 자루의 연필은 무한한 상상력을 자극하지 않는가. 심의 단단하기와 굵기에 따라 나누어진 종류와 나름의 특색을 지닌 모양, 입고 있는 옷의 색에 따라 흥미롭기 짝이 없다.

자전거만 해도 그렇다. 고백하자면 나는 자전거를 탈 줄 모른다. 그런데 어느 날부터 내 방에 하나 둘 자리잡은 자전거로 하여 내 꿈은 날개를 달기 시작했다. 지붕이 있는 자전거를 타고 이글거리는 땡볕을 달리기도, 날렵한 경기용 자전거의 페달을 밟고 바람을 가르는 상상만으로도 충분히 기분이 좋았다.

이런저런 사연이 따라붙은 이것들이 사는 일이 힘에 부쳐 끝없는 나락으로 곤두박질칠 때면 나를 향해 말을 걸어온다. 그리하여 얼마쯤 그들과 이야기를 나누다 보면 나도 모르게 위안을 얻게 되는 것이다.

요즘은 날아다니는 것에 흥미를 가지고 있다. 그러니 여행길에서 마음자리 따라 눈에 띈 것도 새들의 무리임은 당연지사.

이번만 해도 그렇다. 야자수 뿌리를 별로 손대지 않고 만든 재미난 포즈의 오리 한 쌍이 눈에 들어왔다. 꼬리털은 삐죽삐죽 선머슴 머리카락처럼 곤두섰고, 서로 제 잘난 듯이 불룩 가슴을 내민 그 몰골이 볼수록 입가에 웃음을 번지게 했다. 가격 또한 내 주머니사정을 감안한 듯 저렴하였으니 금상첨화였다.

기고만장한 내 흥분을 가라앉혀야 할 필요가 있었나 보다. 마치 규율을 어겨 사감선생님한테 붙들린 폼이 된 나를 바라보는 세관원의 표정이 묘했다. 뭐 이 따위 별 볼일 없는 걸로 사람을 놀랬냐는 듯……. 그런들 어떠랴. 이들로 인해 내 가슴이 열에 달떠 뜨거운 것을.

수집의 역사는 오래되었다. 16세기서부터 수집 열풍이 일기 시작해 수집인도 많고 수집품도 다양하다.

초기의 수집가들은 광적일 정도로 그에 집착하였다고 한다. 그런 집착들이 재산을 털어 물품을 모아들였고 그 소장품들이 세월의 흐름 뒤 박물관의 시초가 되었단다. 18세기의 '프란츠 요세프 갈'은 사람의 두개골을 수집했는데 그가 아끼던 소장품들이 현재 파리의 인류박물관에 소장되어 있다.

그처럼 유럽에서는 한때 유골수집 열풍이 불었다니 좀 으스스한 느낌이다. 그에 열광한 수집광은 자신의 수집품을 위해 시체를 삶는 일을 마다하지 않았다. 이쯤 되면 광적이라 할 만하지 않는가.

그에 비해 프랑스인 앙리 퀴에코의 수집은 애교스럽다. ≪몽당연필 모으는 남자≫의 저자이기도 한 그가 체리씨와 꼭지, 선물상자를 묶었던 끈 등 너무나 보잘것없고 사소한 것들을 모으며 만족해하는 모습은 미소를 머금게 한다.

내게 대놓고 이상한 눈길을 보내던 그 세관원은 아마도 그 옛날 시체를 삶던 수집광들이나 요즘도 체리씨에 연연하는 이들을 몰라서일 것이다.

아무튼 작은 소동을 거쳐 내 사무실에 자리잡은 녀석들은 찾아오는 문우들에게 인기가 좋아 은근히 내 어깨를 으쓱이게 한다. 이만하면 공항에서 생겼던 일은 오히려 즐거운 삽화로 기억되지 않겠는가.

안개에 묻혀

진종일 안개와 더불어 보낸 하루였다.

어제 오후 나절 나는 황톳물 굽이치는 길을 갔다. 폭우 속에 길을 나서니 모든 게 그저 희뿌옇게 보였다. 비가 걷히면 피서객들이 도로를 점령할 터, 내게는 도리어 오붓한 기회라 생각했다.

골안개 낀 길을 마냥 달렸다. 굵은 빗방울이 함초롬히 연우煙雨로 바뀌더니 이내 안개 띠를 두른 산이 길동무를 하자고 했다. 머리에 흰 수건을 질끈 동인 산, 허리에 띠를 두른 뫼도 덩달아 쫄밋거리며 나를 따라 나섰다.

바로 어제는 40대의 끝자락에서 맞은 내 생일이었다. 좀은 스스로에게 호강을 시켜줘도 좋을 것 같은 기분이었고 어디 가서 산뜻한 저녁을 먹고 느긋하게 물소리나 들었으면 싶었다. 그런 참에 생각지 않은 횡재가 따랐다. 골짝마다에서 피어오른 남기嵐氣가 아주 묘한 분위기를 만들어 이상향의 나라로 들어서는 듯했으니 말이다. 그리고는 늦도록까지 안개와 벗하다 잠이 들었던 것이다. 이른 새벽에 깨어났으나 여전히 꿈결인 듯 몽롱하였다.

오리숲 긴 터널을 걸었다. 몇 치 앞을 분간할 수 없을 정도로 꽉 차게 내려앉은 안개에 내 몸도 둥둥 떠다니는 느낌이었다. 폭신한 감촉의 흙길은 꼬박꼬박 발자국을 뗄 만큼씩만 길을 내주었다. 잘디잔 야생화들이 군데군데 피어 몽환적인 기분을 부추겼다.

한참 동안 현실감 없이 걷다가 우뚝 몸을 일으켜 세우는 일주문과 마주쳤다. 퍼뜩 정신이 들었다. 그제야 먼 데 풍경도 서서히 깊은 잠에서 깨어난 양 몸을 드러내었다.

안개는 여러 얼굴을 가졌다. 때로는 그지없이 신비하여 몽환적이기까지 하지만 의외의 길에서 맞닥뜨리면 당혹스럽기 짝이 없다. 그것은 가늠할 수 없는 불투명의 미래이기 때문이다.

아주 오래전 어둑새벽, 급한 볼일로 의정부를 지나 양주로 가던 길에 만난 안개는 적잖이 나를 당혹스럽게 했다. 코앞도 분간할 수 없는 안개가 발목을 마냥 낚아채는 듯했다. 그 어름이 낭떠러지임을 알고 있었기에 나는 더욱 모골이 송연하였다. 밝은 대낮에도 굽잇길에 널브러져 있던 자동차를 가끔 목격한 터라 더 무서웠던 것 같다. 지나는 차라도 있으면 길잡이를 삼을 수 있었으련만 아무리 첫새벽이라고는 해도 어찌 그리 적막하던지. 도저히 앞으로 나갈 수 없는 상황에 오래도록 차 속에 갇혀 있으면서 그즈음 내 삶의 여정과 몹시도 흡사하여 퍽 우울했던 기억이다. 그날의 안개는 불확실이었고 한량없는 장애의 길이었다.

반면에 가슴 애잔한 안개도 있다.

해무 짙은 어느 날의 뱃고동 소리를 나는 영영 잊지 못한다. 안개가 몰려와서 온통 바다도, 세상도 다 지워버린 날이었다. 나는 막막히 방파제에 서 있었다. 바로 그때 어디에선가 무적霧笛 소리가 들렸다.

부우~ 부우…….

길을 잃은 배가 먼 바다의 어디쯤에서 슬피 울었다.

심금을 울리듯 애달피 토해내는 소리가 해무와 어우러져 애련지정을 불러일으켜 가슴께가 서늘하였다. 그 소리야말로 내가 서 있는 곳이 난바다의 한 군데라 사방을 알 수 없는 오리무중임을 확인하는 것이기도 했다.

부우~ 부우…….

'너는 어디에 있느냐.'

육지에서도 안타까운 소리가 퍼져나갔다.

부우 부우…….

'내가 여기 있다.'

한참 만에 안개 속에서 돌연히 몸체를 드러내던 배가 방금

본 일주문과 흡사하였다. 그렇다면 나는 지금 어디에 있는가. 길을 잃은 나를 향해 울려줄 등대가 있다면, 굽도 젖도 할 수 없는 곳에 서서 간절한 심정으로 소리칠 때 그날의 무적처럼 응답해 줄 그가 있다면 가끔은 안개에 묻혀도 좋을 것 같다.

나의 얼짱

오팔 개띠

지우知友가 결혼 14년 만에 얻은 아이의 이름이 준이다.

그렇게도 애를 태우다 세상 빛을 본 지 6년, 벌써 준이가 우리 나이로 일곱 살이 되었다.

며칠 전 언덕에 자리잡은 남산교회에서 치른 김 선생님의 따님 결혼식에 참석하고 내려오는 길이었다. 평소 유달리 사람을 좋아하며 따르는 녀석이 제 엄마의 몇몇 지인들을 만나자 반가워서 어쩔 줄 몰라했다.

마침 보도블록과 길 사이에 도드라진 조붓한 축이 있었다. 녀석이 냉큼 그곳에 올라섰다. 철길의 레일 위를 팔을 벌리고 뒤뚱거리며 걷던 어린 날의 내 동심이 떠올랐다. 두 팔을 어깨 저울삼아 외줄을 타듯 녀석이 조심스레 걸음을 떼었다. 웃음을 함빡 깨무는 표정으로 보아 준이는 날개를 달고 비상하는 듯했다.

그런데 최고조에 달한 준이의 심기를 방해하는 일이 생겼다. 건너편에서도 똑같은 동심의 한 녀석이 오고 있었던 것이다. 둘은 필연적으로 마주쳤고 어느 한 사람이 의기를 접고 길을 비켜줘야 될 상황이었다.

"…………."

잠시 침묵이 흘렀다.

"너 몇 살이야."

준이의 일갈이었다.

"나? 여섯 살."

"나는 일곱 살이야."

팽팽하던 신경전이 허물어지는 찰나였다. 상대 녀석이 준이의 약간은 뻐기는 듯한 일곱 살이란 말에 꼬리를 내린 강아지처럼 아래로 내려섰기 때문이다.

갓 스무 살 무렵 어느 사무실에 가끔 이모부 심부름 가는 일이 있었다. 몸피가 작아 앳되어 보였던지 그곳에 근무하는 총각이 여동생에게 대하듯 격의 없이 나에게 반말을 했다. 즉시 민감한 반응이 튀어나갔다.

"나, 오팔 개띠예요."

"…………."

잠시 생급스레 쳐다보던 그가 사태를 짐작하고 박장대소를 했다. 그날 이후 내 별명은 '오팔 개띠'가 되었다. 내게도 나이 한 살이 벼슬인 양 뻐기던 시절이 있었다.

나의 자기

내게 얼짱에 연하인 애인이 생겼다.

몇 년 전이다. 낚시광인 준이아빠가 그날도 바다낚시를 갔다. 저희 아빠가 주말인데 놀아주지 않고 낚시 간 것을 위로할 양으로 내가 운을 떼었다.

"준이는 참 좋겠다. 아빠가 고기 많이 잡아올 테니까."

준이의 기분이 일시에 상승했다. 기분 좋은 김에 선심까지 쓴다.

"이모도 이모네 자기한테 고기 잡아오라고 하세요."

"이모는 자기 없는데. 어떡하지?"

"어, 어……."

평소에 어린아이답지 않게 상대를 배려하는 녀석이 내 아픈 상처를 건드린 것 같은지 한참을 우물쭈물하다 드디어 해답을 찾았다.

"그럼, 제가 이모 자기 해드릴게요."

아, 나는 그날부터 운명적으로 천사 같은 남자를 나의 자기로 갖게 되었던 것이다.

사랑

쇼핑을 간 적이 있다. 옷을 고르는 내 모습을 옆에서 지켜보던 준이가 한 마디 했다.

"이모 참 섹시해 보여요."

주인여자가 조그만 녀석의 당돌함을 웃음으로 삼키며 물었다.

"얘, 네가 섹시한 게 뭔 줄이나 알아?"

"저도 알아요."

이렇듯 세상에서 유일하게 나를 섹시하다고 말해주는 단 한 사람의 남자 준이가 지난해부터 사랑에 빠졌다.

상대는 소민이라는 유치원 친구란다. 문제는 준이에게 관심을 보이는 다른 여자애는 거들떠보지도 않고 일편단심 소민이에게로 가는 자신도 어쩔 수 없는 마음의 제어장치다. 큐피드의 화살은 그렇게 예측불허일런가.

준이의 심경을 아는지 모르는지 별 반응이 없는 소민이에게 하루는 용기를 내어 고백을 했다나.

"소민아, 나 너 좋아해."

"얘는……."

소민이가 샐쭉해지며 손가락으로 살짝 밀쳤다고 한다.

소민이에게로 향하는 짝사랑으로 인해 내 섹시함이 빛을 발하지 못하여 쓰린 속을 달래야 하는 나지만 어쩌랴.

어제는 오랜만에 만난 녀석의 속을 슬며시 떠봤다.

"준아, 아직도 소민이 좋아하니?"
"그런데요, 소민이가 저를 안 좋아하는 것 같아요."
"아냐, 여자는 속으로 좋으면서도 겉으론 안 그런 척해."
순수한 풋뜸 남자인 그가 여자의 안개 같은 복잡한 속내평을 어찌 알겠는가. 준이의 밥그릇에다 지천명知天命의 내 나이를 쌓기도 어려운 처지이나 그래도 나는 마냥 행복이다.

귀여리에서

천둥을 동반한 빗소리에 잠을 설쳤다. 이렇게 달구비가 쏟아지는 밤이면 산과 강, 나무와 새들은 어떤 모양으로 잠을 청할까. 못내 안달이 났다.

뿌연 안개를 헤치고 그들을 만나러 새벽길을 나선다.

제일 앞에 납작 엎드린 산, 그 뒤로 살포시 웅크린 산, 그 너머 무릎 세워 몸 일으킨 산, 산. 그들이 선잠 깰까 봐 발자국 소리까지 죽이며 다가간다.

간밤의 거센 빗발에도 산은 꿈쩍 않고 있는데 강물은 아픔을 속으로 내처 삼키다 더는 참을 수 없어 속을 뒤집었는지, 시뻘건 황토를 내뱉으며 몸을 뒤틀고 있다. 온몸으로 감싸안던 모든 것을 토악질하듯 내뱉으며 뒤척이고 있다. 한없이 넓고 깊게 보듬는 것에 만족하던 강도 가끔은 강한 거부의 몸짓으로 오롯이 자신을 뒤집어놓을 수 있는 날이 필요한지 모른다.

사람살이에 지칠 때면 나는 이 길로 나선다. 너무 가라앉아서 정적감에 휩싸일 때도 좀은 마음을 출렁이고 싶어서 이 길을 달린다.

그저께 동살에도 나는 푸른빛으로 깨어나는 이곳에 왔었다. 그날의 강은 모성으로 풍경을 끌어안고 있었다. 밤새 강물에 몸 담그고 자다 눈곱을 떼고 꿈에서 깨는 산을 보여 주었다. 자욱하던 물안개가 나보다 먼저 산이 뒤척이는 소리를 들었는지 어느새 산등성이로 올라가고 있었다. 물에 드리운 그림자는 그냥 두고 기지개를 켜는 산의 기척에 수초들 사이에서 청둥오리 한둘이 깨어나고 있었다. 부지런한 암컷은 먹이를 찾느라 물살을 가르고 곱게 머리 빗어 단장한 수컷은 뒷짐을 진 채 유유히 멱을 감고 있었다.

게으른 오리 한 마리 무리에서 벗어나 덜 깬 몸짓으로 강물에 잠긴, 아직 산이 개키지 못한 잠자리를 망가트리고 있기도 했다. 한쪽에서는 무슨 못된 꿈을 꾸었는지 두어 뼘 남짓한 금빛 물고기 지느러미 번쩍이며 수면 위로 솟구쳤다. 그 몸짓에 수초 속에 있던 피라미들 놀라 작은 소란이 일었다. 갈밭에서 긴 목을 빼고 그 소란을 지그시 지켜보고 있는 왜가리……. 그 모든 것을 품어 안고 있던 그날의 강은 황톳물을 토하는 오늘과는 영 딴판으로 넉넉하고 평온한 모습이었다.

누군들 평온한 날만 있을 것인가. 참다못해 더는 어찌해 볼

도리가 없을 때 저 강처럼 속내를 한 번쯤 뒤집어 스스로를 정화시킬 수 있다면 그도 좋을 일이다. 그래서 나는 마음을 추슬러야 할 때면 늘 귀여리 강가에 선다.

공주병 두엇
외딴집
술 권하는 축구
외줄타기
별을 볼 수 있어 참 좋다
무명
사는 게 나은 이유
갯바위의 사랑
길들여진다는 것은

공주병 두엇

나는 지금 중병에 걸려 있다. 그것도 심각할 정도이다.

고풍스런 분위기의 그 찻집에 들어서면 마치 내가 16세기 중세 어느 성주의 딸이라도 된 양 아득한 심연으로 빠져든다.

마른 꽃들과 꽃잎 향기로 그득한 승강기를 타고 올라가면 입구를 지키고 있는 돌확에서 부평초와 수련이 사랑노래를 부르고 있다.

겹겹으로 쌓아 만든 그리스 신전의 돌기둥을 고스란히 옮겨 놓은 양 우뚝 버티고 선 모양새의 기둥, 그 기둥에 의지해 팔을 벌려 물구나무 선 듯 출렁대는 주렴이 눈길을 끈다. 이마에 닿을 것같이 드리워진 주렴을 밀치며 몸채에 덧붙은 또 다른 방으로 들어서는 순간 여지없이 나는 공주로 변한다.

많은 이야기를 담고 있는 빈 유리잔과 그릇들이 가지런히 진열된 장식장, 낮은 음악소리나 미세한 진동에도 몸을 한껏 흔드는 새빨간 등잔, 둥근 유리병에 푸짐하게 꽂힌 진보라의 칸나가 눈길을 끈다. 작은 꽃잎을 하나하나 붙여 만든 가발 쓴 두 여인의 유리 조상彫像과 둥근 테두리를 따라 12개의 양초가 꽂힌 샹들리에, 벽면에는 유목민의 겔에서나 봄 직한 검은 망사까지 기다랗게 늘어뜨려져 있다. 내 키의 몇 배 높이에 걸린 이 장막이 바람에 살랑거리면 물결인 듯 묘한 분위기가 연출된다.

고개를 들면 천장 속의 투명한 유리 연못에 담긴 나뭇가지가 흔들거리고, 물고기 몇 마리의 춤사위로 하여 나는 늘 아련하기만 하다.

다시 시선을 아래로 옮기면 기름등잔과 포도주잔에 놓인 밀랍촛불, 잉걸불 모양을 본뜬 조명등에 담긴 마른 꽃과 이파리들, 전혀 해독이 되지 않는 상형문자 테이블보, 그 위에 원두커피 가루를 담은 재떨이 아홉 개. 이 모두가 나를 환상의 세계로 이끌어 주는 요술양탄자가 된다.

얼마 전 몬테카를로 발레단의 〈신데렐라〉를 보았다. 허공을 가르며 만드는 몸짓 언어들, 무대가 좁도록 훨훨 날아다니는 반짝이는 작은 발, 잿빛 원피스를 입은 〈신데렐라〉의 춤사위가 숨막히는 긴장 속으로 나를 이끌었다. 다른 배역들의 화려한 모습과는 대조적인 옷차림이지만 돋보이는 순결한 몸빛으로 무대를 가득 채우는 신데렐라, 그녀의 발끝과 손가락의 여울을 따라가다 절로 환상 속으로 빠져들었다. 안무가 장 크리스토프 마이요는 신데렐라에게서 무거운 유리구두를 벗기고 금가루를 묻힌 맨발로 춤을 추게 하였다. 더욱 자유롭게 제 삶의 춤을 개척하라고 그는 신데렐라의 토슈즈를 벗겼으리라.

그녀의 눈부신 발에 시선을 빼앗기다 앞자리에 앉은 눈 맑은 소녀와 나는 같은 또래가 되었다. 영혼이 순수하기에 더 큰 감동이 파도칠 낯선 소녀의 심장 박동이 내게까지 들리는 듯했다. 가랑잎처럼 건조하던 내 가슴 밑바닥에서 뜨거운 기운이 마구 솟구쳤다. 한없이 무뎌졌던 감성의 너울 위를 뜨거움이 출렁이며 파도로 밀려갔다.

내 어깻죽지에서도 날개가 돋는 기분이었다. 맨발의 나를 무대 위에 세운다. 한 마리 나비가 순한 날갯짓을 해댄다.

여성이라면 어린 시절 한때 꿈의 신데렐라 과정을 거쳤을 것이다. 원래 '재투성이 소녀'란 뜻의 신데렐라 이야기는 세상에 천 개가 넘는다. 고난을 딛고 일어서 신분상승을 꾀하는 신데렐라야말로 여성들의 근원적인 꿈이 아닐까. 나도 분명 여자이고 그런 꿈을 꾸던 시절이 있었다. 그러나 현실이란 벽에 부딪혀 그 꿈은 내 것이 아닌 양 체념했을 뿐이다.

언젠가부터 나는 스스로 여자이기를 포기하고 살아온 셈이다. 어쩐지 여자로 보이는 것마저 부담스러웠다. 내 속의 여성스러움을 애써 누르면서 건조하고 씩씩한 듯 행동해 왔다. 우긴다고 될 일도 아니련만 여자가 아니라고 억지 쓰곤 하였던 것이다.

그런데 어느 날 무심히 거울을 보다 소스라쳤다. 바싹 마른 낙엽소리가 나는 여자가 거기 있었다. 전혀 물기라고는 없어 보이는 그 여자는 슬쩍 건드리기만 해도 바스라질 것 같았다. 낯선 그 모습이 눈에 들어오자 삶의 무게에 휘둘려 흔적 없이 사라진 내 젊음이 억울하여 견딜 수가 없었다.

마침 찬바람머리에 물기 모두 빼앗긴 참나무 잎을 바라보던 때가 망연히 떠올랐다. 매운 바람에 마지막 춤을 너울너울 추며 땅으로 돌아가던 가랑잎들. 그 덩거칠던 상황에서 반쯤 벗은 나뭇가지에 걸린 촉촉한 초승달이 그나마 나를 안도케 했던 기억 말이다.

신데렐라를 꿈꾸기에는 적지 않은 나이지만 가끔 공주병에 빠진다고 누가 흉볼까. 요즘 나는 한 잔의 차를 마시면서도, 내 방 깊숙한 데서도 스스로의 중병을 즐기는 중이다. 내 마른 잎 끝에도 물기 머금은 달 하나 희망처럼 걸고 싶어서이다.

외딴집

낡은 집이 한 채 전철 선로 옆에 닿을 듯이 붙어 있다. 몹시 위태롭게.

빛바랜 슬레이트 지붕에 얼기설기 두른 양철 담장, 짙은 초록색 페인트가 군데군데 벗겨진 철대문. 예전의 기차처럼 꽤액 기적을 울리면 그 소리에 금방이라도 힘없이 무너져내릴 것처럼 위태로워 보이는 낡은 집은 어쩌면 빈집이 아닌가 생각이 들 정도로 사람의 그림자가 없다.

사람은 한 번도 본 적 없지만 주변이 항상 정결히 손질되어 있고 언덕바지에 층층이 일궈 만든 밭과 집 앞에 세워진 승용차가 사람이 살고 있음을 말해 준다. 아마 집주인은 새벽같이 일어나 황토마당을 싸르락 싸르락 비질하고 밤새 돋아난 잡초를 뽑고 밭에 물을 주는 모양이다.

땅에 닿을 듯이 나지막한 그 집은 겨울이면 눈 속에 며칠씩 폭 파묻혀 있기도 하고 여름이면 담쟁이넝쿨에 감싸여 있어 내게는 꼭 동화 〈백설공주〉에 나오는 일곱 난쟁이의 집 같아 보인다. 한편으로는 왠지 그 안으로 들어서면 따스해질 것 같은 느낌이 드는 집이다. 내가 다 쓰러져가는 그 집에 관심을 갖게 된 것도 초라하지만 아늑하고 평화로워 보이는 바로 그 분위기 때문이다.

이제는 모두 성장하여 분가를 하였지만 예전에는 그 집에서도 어린아이와 젊은 내외가 사랑을 나누었으리라. 제비둥지처럼 작은 집이지만 산처럼 큰 꿈을 품은 가장이 든든한 바람막이가 되어 식솔들에게는 어느 저택 부럽지 않은 훈훈한 안식처였음이 분명하다. 그와 아내는 자식들의 자라는 모습을 자양분삼아 부지런히 들락거리고 아이들은 내외의 사랑에 보답하듯 청아한 웃음을 집안 가득 채웠을 것이다.

어렸을 때 내 소원은 온기 있는 우리 집이 있었으면 했다. 학교에서 돌아와 '엄마'하고 부르면 부엌에서 행주치마에 물 묻은 손을 닦으며 반겨주는 엄마가 있는 우리 집. 해 저물어 모두 집으로 달음질칠 때 그들의 뒷모습을 바라보지 않고 나도 으스대듯 스며들 수 있는 우리 집, 나를 기다려 주는 나의 집이 있었으면 하고 간절히 바랐다. 그러나 평범하디 평범한 그 소원은 끝내 이뤄지지 않고 나는 자라 성인이 되었다.

다른 욕심에 비해 집을 가지고 싶은 욕망이 컸던 나. 그건 아마 저간의 그런 소망 때문이었을 것이다.

아주 오래전 우리 동네 기찻길 옆에도 작은 집이 한 채 있었다. 초가지붕에 흙벽돌로 지어진 그 집은 축담 대신 몇 개의 디딤돌이 공깃돌처럼 놓여 있었다. 방 한 칸에 부엌 한 칸이 전부인 초라한 그 집은 또래들보다 발육이 더뎌 아이들에게 줄곧 놀림을 받던 업둥이 창식이네 집이었다.

지칠 줄 모르는 개구쟁이들의 놀림에 울음을 터트린 그가 빨려들 듯 그 속으로 들어가면 뒤이어 부지깽이를 든 그의 어머니가 전사처럼 뛰쳐나오곤 했다. 부지깽이를 든 오른손을 하늘 높이 치켜올린 그의 어머니는 마치 거인 같은 몸짓으로 개구쟁이들에게만이 아닌 온 동네를 향해 목청을 돋우곤 했다.

"누구든지 우리 창식이 건드리는 눔은 가만 안 둔다아."

나는 든든한 빽이 있는 그가 정말 부러웠다. 마음놓고 울며 달려갈 수 있는 품이 있다는 것은 얼마나 뿌듯한 포만감을 주는지 그는 알고 있었을까? 배불리 먹지 못해 느끼던 허기보다 냉기 도는 가슴을 헤집고 다니는 헛헛함이 더 견디기 힘들다는 것도. 내 헛헛함이 크게 느껴질수록 그가 더 부러웠던 것 같다.

하루는 어둠 속에 우연히 그 집 앞을 지나게 되었는데 홍시 색깔 불빛이 새어나오는 창호지 바른 문이 그렇게 따뜻해 보일 수가 없었다. 아, 나도 저 불빛 속에 잠겨들 수 있다면 얼마나 좋을까. 업둥이라도 좋고 아이들의 놀림조차도 달게 받을 수 있을 것 같은 심정이었다.

세월 따라 세상도 변했고 집의 개념도 바뀌었다. 이제 집은 힘든 일과를 끝낸 가족들이 저녁나절 한자리에 둘러앉아 정으로 서로를 다독이는 곳만이 아닌 재산가치의 기준이 된 것이다.

집으로 돌아오는 시간은 식구마다 제각각이고 늦은 시간 돌아와서도 각자 자신만의 방으로 들어가 컴퓨터를 상대로 대화를 하든지 아니면 잠만 자는 곳이 되었다. '베드타운'이란 말까지 생겨나며 그야말로 하숙집처럼 되어버렸다. 예전에는 상상도 못한 멋지고 넓은 집에서 살고 있지만 좁은 방에서 부대끼며 살던 때와 비교하여 넓어지는 평수만큼 정도 도타워지는지 의문이다.

사람의 능력이 집 평수로 계산되는 현실에서 내 정신은 아직 물질적인 풍요에 적응 못하고 낡은 집을 맴돌고 있다. 여전히 작지만 정이 담긴 집을 부러워하고 골목 안 낮은 담 너머 반쯤 보이는 창문에서 스며나오는 불빛을 흠모한다.

그래서 나는 보잘것없고 위태로워 보이는 집이지만 그 속에서 나누어지는 식구들의 정은 그 어느 저택에 비교되지 않을 것 같은 전철 옆 외딴 집, 그 집의 식솔들에게 더 관심을 가진다.

술 권하는 축구

일본과 우리나라 공동주최 2002년 월드컵 축구대회가 얼마 남지 않았다. 새로 짓던 축구장이 완공되고 그 준비에 박차를 가하고 있다.

얼마 전 드디어 조 추첨이 있던 날이었다.

추첨을 하는 그 시간에 나는 마침 택시를 타고 있었다. 택시 기사는 각 나라가 호명될 때마다 환성과 아쉬움을 나타내느라 손님인 내게는 관심조차 없었다. 나는 그가 지나치게 흥분하는 것 같아 몹시 불안했다. '월드컵 축구', '흥분' 이런 낱말들이 내게는 예사롭지 않기 때문이다.

10여 년 전 월드컵 축구경기가 있을 때였다. 전화벨 소리가 새벽의 정적을 깨트리며 길게 울렸다. 적막을 깨트리는 긴 파장, 덜컹 가슴이 내려앉았다.

아니나 다를까, 동생이 이대부속병원 응급실에 있다는 연락이었다. 허겁지겁 달려가 보니 오토바이를 타고 가다 교통사고를 당한 동생이 의식을 잃은 채 누워 있었다.

두개저 골절에 온몸이 상처투성이였다. 그나마 천만다행으로 생명에 지장이 없다는 말에 안심을 하려는 순간, 음주운전이라며 경찰 입회하에 혈액을 채취하는 등 움직임이 심상치 않았다.

혈중알콜 0.17로 면허증은 그 즉시 취소되었고 그에 따른 불이익으로 동생과 나는 몹시 큰 고통을 겪었다. 음주운전만 아니었더라면 겪지 않아도 될 일이었다.

하도 어이없고 황당해 의식을 겨우 회복한 동생에게 무슨 이유로 술을 마시고 오토바이를 탔느냐고 다그쳤다. 대답인즉 축구 때문이란다. 현진건의 소설 〈술 권하는 사회〉에서 주인공이 허구한 날 누가 당신에게 그렇게 술을 마시게 하느냐고 이유를 묻는 아내에게 이 사회가 술을 권한다고 변명을 늘어놓는 것은 보았지만, 축구가 술을 마시게 했다니?

그날은 마침 우리나라가 아시아 최초 2회 연속 월드컵 본선 진출을 하여 우루과이와 경기를 치른 날이기도 했다. 우리나라 축구는 아시아 예선전에서 북한, 중국, 사우디를 차례로 이기고 조심스레 황색돌풍을 예고하며 본선 경기에 임했다.

그런데 세계의 벽은 높았다. 먼저 치른 벨기에와 스페인, 두 경기에서 뜨거운 국민의 성원에도 아랑곳없이 우리 선수들은 상대팀의 수비벽과 공격에 밀려 졸전을 치렀다. 캐논 황보관, 삼손 김주성, 황새 황선홍, 학다리 최순호 등이 열심히 뛰었지만 결과는 참담했다.

이제 마지막 남은 우루과이전, 여기서 지면 조심스레 키웠던 우리의 희망은 여지없이 깨지는 것이다. 0:0으로 끈질긴 접전을 벌이던 후반 25분, 주심은 우리 수비수 윤덕여를 돌연 퇴장시켰다. 퇴장은 그의 턱을 들이받은 상대팀 콜리여야 했다. 10명이 싸우는 최악의 상황에서 경기를 마치는 순간 오프사이드 위치에 있던 우루과이 선수가 헤딩한 골이 우리 골문을 통과했다. 그러나 선심은 반칙 호루라기를 불지 않았고 경기는 끝났다.

동생은 그 경기 내내 소리 소리 지르며 볼 따라 흥분하다 도저히 끓어오르는 화를 삭힐 수 없어 소주를 마셨다는 변명이었다. 술을 마셨으면 오토바이를 타지 말아야 했을 터인데 청계천대로가 축구장인 양 그날 경기를 치른 선수들에게 여봐란 듯이 공을 몰고 가는 폼으로 바람을 갈랐던 모양이다.

평소에도 축구 경기를 보면 열광의 도가 지나쳐 얼마나 소란스러운지 옆에 있는 사람이 혼이 빠질 지경이었으니 그날의 상황은 상상이 가고도 남았다. 더구나 심판의 공정치 못한 판정은 동생의 가슴에 활화산 같은 불덩이를 지폈을 것이다.

운동장에 직접 가는 날이면 집안이 조용하지만 여의치 않아 TV를 시청하는 날은 옆에 있는 사람에게까지 흥분을 전염시켜 온 집안을 시끄럽게 하였고, 혹여 어느 선수가 실수라도 할라치면 허공에 대고 과격한 발언까지도 여지없이 내뱉으며 열을 올리던 동생이었다. 그런 모습을 보다 못해 그렇게 생각처럼 쉬울 것 같으면 네가 직접 뛰어보라는 핀잔에도 아랑곳없다. 거의 광분에 가까울 정도이니 어느 누가 말리랴.

그날, 축구에 대한 열광으로 끓어오르는 흥분을 삭히지 못한 동생은 혹독한 대가를 오랫동안 치러야 했다. 그러니 경기도 아닌 조 추첨 정도에 그처럼 열을 올리는 택시기사의 운전대 잡은 손에 심히 불안이 느껴졌던 것은 이유 있는 내 심경이라 할 수 있다.

게다가 동생처럼 술을 즐기는 사람들은 이기면 신이 나서 한 잔, 지면 분통 터져서 한 잔 마시고 세상에 쌓인 불만을 애먼 축구 탓인 양 삿대질을 해대니 과연 술 권하는 축구렷다.

그러나 나는 비록 술을 권하는 축구일망정 경기가 있는 날을 기다리는 편이다. 경기장의 생동감 있는 움직임이, 골문을 통과하는 골의 통쾌함이 많은 사람들의 카타르시스에 기여함을 알기에 나도 더러 TV 앞에서 덩달아 흥분하기도 한다. 정조준한 폭격기처럼 골대에 내리꽂히는 골인 장면에 누적된 스트레스가 한 방에 날아가니 말이다. 어디서 그처럼 시원한 카타르시스를 맛볼 것인가.

경제, 정치, 아무리 둘러보아도 별로 통쾌한 일이 없는 요즘, 월드컵 축구가 시작되면 답답한 속내가 다스려질까?

외줄타기

이 나이에도 가끔 높은 곳에서 떨어지는 꿈을 꾼다. 꿈속의 나는 가파른 벼랑을 간신히 붙잡고 기어오르려고 안간힘을 쓰다가 결국은 깊은 나락으로 곤두박질친다. 떨어질 때의, 온몸 신경이 다 쪼그라드는 느낌 때문에 깨고 나서도 개운치가 않다.

계단의 중간쯤에서 떨어지지 않으려고 애를 쓸 때도 있다. 위로 올라가야 하는데 몸은 말을 듣지 않고 그나마 올라간 층계마저도 기우뚱해져 자꾸 끝없이 미끄러지거나 떨어지는 것이다.

며칠 전부터 독감에 걸려 고생을 하고 있다. 이번 감기는 유난히 심해서 나뿐만 아니라 병원마다 환자가 줄을 설 정도로 많고 증세 또한 심하다. 온몸이 쑤시고 침을 삼키기가 어렵다.

잠을 푹 자고 나면 조금 나을 듯하지만 불면으로 인해 두통만 심할 뿐이다. 어렵사리 얕은 잠이 들었다가 예의 그 꿈 때문에 다시 소스라쳐 깼다.

문득 잠시 전 꾸었던 꿈속의 그 모습이 삶을 살아가는 본디 내 모습이 아닐까 생각한다. 모든 근심은 욕심에서 생긴다고 하였으니, 수시로 불쑥불쑥 솟아오르는 응어리 같은 근심의 뿌리는 자족할 줄 모르는 욕심이 아닐까?

삶은 어쩌면 사막의 신기루 같은 욕망의 끄트머리에 매달려 끝없이 곤두박질치면서 그것을 잡으려고 안간힘을 쓰는 것인지도 모른다. 어느 순간, 착시인지도 모르고 바로 눈앞에 있는 것 같은 신기루에 홀려서 달려가 보지만 항상 그만큼의 거리에 있는 오아시스. 분명한 욕심 한 자락이 그곳에 있었다.

"넌 아직도 뛰어다니냐?"

오랜만에 고향에 내려간 날, 마중 나와 있던 동갑내기 사촌이 내게 한 말이다. 여유 있는 느긋한 걸음으로는 이유없이 불안하고 마음이 급해서 종종걸음치는 내가 안쓰러운 말투였다. 독감을 앓으면서도 팽팽한 신경줄을 늦출 수 없는 이유 또한 그와 무관하지 않다.

설익은 마음만 가지고 쓴 서툰 글을 읽으며 끝없이 추락하기도 하고 순리대로 자라고 있는 아이들에게 터무니없이 많은 것을 바라고는 제풀에 실망할 때도 있다. 또한 모자라는 능력 앞에 미끄럼을 타기도 한다.

누군가 내게 욕심 부리지 않고 진실된 삶을 살아 왔느냐고 묻는다면 과연 나는 자신 있게 대답할 수 있을까?

아니었다. 때로는 차선을 지키지 않고 중앙선을 넘나들 듯 좌충우돌하기도 했고 잘못을 남에게 전가시키기에 급급했으며 과한 욕심 때문에 항상 몸과 마음을 고달프게 했을 따름이다.

창밖에 진눈깨비가 내리고 있다. 재스민차 한 잔을 들고 창밖을 내다본다. 재스민 향이 다가오질 못하고 주위를 맴돈다. 온몸이 도리깨질을 당한 듯 욱신거린다. 불을 끄고 다시 눕는다. 눈을 감는다.

어렸을 적, 아버지를 따라 서커스를 보러간 기억이 있다. 다른 많은 묘기들보다 더 나를 가슴 졸이게 했던 것은 올려다보기만 해도 어지럽던, 외줄을 타는 소녀였다. 가냘픈 몸으로 외줄 위에서 한 발, 또 한 발 내디딜 때마다 숨이 막힐 지경이었다. 그녀는 줄 건너 저편의 목적지까지 가기 위해 결코 서두르지 않았다. 차분히 숨을 쟁이고 욕심 없이 바로 눈앞의 한 걸음을 위하여 사력을 다하고 있었다.

그 모습이야말로 진실된 삶을 살아가는 모습이 아닐까. 그러나 나는 어떤가? 외줄에서 한 걸음을 위해 사력을 다하지 않고 욕심 가득한 마음만 키웠던 것은 아닐까?

침몰되는 나를 깨우듯 불을 켜고 일어나 옷을 입고 집을 나선다. 늦은 밤, 몽유병 환자처럼 초점 잃은 눈으로 나서는 나를 딸아이가 걱정스러운 듯 바라본다.

사열병처럼 서 있는 수목들, 달빛마저 가리고 캄캄한 어둠이 매복하고 있는 숲길을 전조등이 비춰주는 거리만큼 가늠하면서 달린다. 긴 숲의 터널을 빠져나와 오른쪽 길로 들어선다.

봉선사 경내는 적막하다. 곤히 잠든 스님들의 단잠을 깨울까 봐 까치걸음으로 대웅전 앞에 서 본다. 마음이 복잡할 때면 가끔 이곳엘 찾아오지만 나는 아직 이곳 부처님께 예를 드려본 적이 없다. 그러나 자비롭다는 부처님은 불자가 아닌 내게도 경내에 섰다는 이유만으로 마음의 고요를 넉넉히 준다. 또한 덤으로 시원한 약수 한 쪽박 마실 수 있는 여유까지 주어서 좋다.

어둠을 밀쳐내면서 뽀오얀 새벽이 다가온다. 여명 속에서 한 해를 되돌아본다. 그토록 바쁘게 살아왔지만 매번 이맘때쯤이면 슬며시 독감처럼 내 몸을 휘어잡는 시간에의 허탈감. 얼마나 더 살아야 지난 삶에 만족하며 고개를 끄덕일 것인가?

줄을 타던 소녀를 떠올려 본다. 내가 외줄 위에 서 본다. 어렵사리 한 발을 떼어 보지만 목표지점이 아물아물해지며 두려움으로 온몸의 솜털이 오롯이 일어난다. 그러나 뒷걸음치기는 더더욱 어렵다. 도달하고자 하는 저곳을 향한 내 조바심과 두려움은 극복되어야 할 것이다. 이건 정녕 욕심이 아니라 삶의 목표일 뿐이라고 변명하고 싶다.

바람에 스친 풍경이 가늘게 몸을 떨며 나를 일으켜 세운다.

진눈깨비는 멎었지만 습한 길을 미끄러지지 않게 발뒤꿈치에 힘을 주고 또박또박 걷는다. 걸음이 꼬이지 않게 신경을 모으고, 외줄을 타듯 앞을 향해 걷는다.

꿈 같은 삶을 그곳에 두고 곧추 걸어 나오는 동안 독감은 사위어갔다.

별을 볼 수 있어 참 좋다

얼마 전 의정부로 이사를 했다. 서울 특별시민에서 수도권의 시민으로 밀려난 것이다. 뭐 서울 특별시민이라해서 특별히 내가 잘나서도 아니요, 말만 서울시민이었다 뿐이지 대단한 권리를 누리며 지낸 것도 아니었다. 다만 그럭저럭 그 속에 섞여서 그런대로 서울시민이란 자긍심을 가지고 살아왔는데 주변인으로 밀려나고 보니 기분이 그리 좋지 않았다.

위안을 삼을 것이 있다면 10여 년을 꿈꾸어 오던 우리만의 둥지를 마련했다는 것이고 다닥다닥 붙은 집들 속, 좀처럼 해를 구경하기 힘든 컴컴한 셋방에서 살다가 15층에 자리한 내 집에서 온종일 해 구경을 실컷 할 수 있다는 점이다. 그러고 보니 좋은 것이 어디 해뿐이랴. 거실에 누워서도 산이 보이고 밤이면 달도 내 품속에 마음껏 안을 수 있고 특히 별을 볼 수 있어 참 좋다.

나는 한때 서울 하늘에는 별이 없는 줄 알았다. 고개만 들면 우리를 환상 속으로 데려가던 미리내, 내 고향 작은 마을에서 보이던 그 많은 별들이 서울 하늘에서 보이지 않아 얼마나 서운했는지 모른다.

물론 하늘과 제일 가까운 동네인, 달동네에서 살고 있던 나는 어느 동네 누구보다 더 별과 가깝게 살고 있었다. 그러나 나는 고개 들어 별을 볼 수 없었다.

어느 날 갑자기 초롱초롱한 눈빛이 전 재산인 남매와 함께 세상에 내팽개쳐졌을 때부터 나는 별을 잊어버렸는지 모른다.

갑작스런 남편과의 이별, 그리고 절망. 그로 인한 충격 또한 컸지만 그러나 그 충격을 곱씹을 만큼 한가롭지 않았다. 아이들의 눈빛을 내가 살아야 할 이유의 전부로 해서 나는 새벽 거리로 나섰다.

닥치는 대로 일을 했고 달동네와 조금씩 멀어지는 동안 아이들의 자라는 키만큼 세월이 흘러갔다. 아이들은 어느새 저절로인 듯 자라 있었지만 짧지 않은 시간과 쉽지 않은 날들이 모아져 커진 키였다.

어느 날 나는 딸아이의 중학교 입학식 날 찍은 스냅사진 한 장을 들고 아연했다. 그 속에서는 딸보다 작고 왜소한, 나이보다 겉늙어 보이는 낯선 얼굴이 어색하게 웃고 있었다.

이 낯선 얼굴이 나란 말인가? 나는 그동안 나를 잊어버리고, 잊은 것조차도 잊고 살아왔단 말인가. 애련한 아픔이 칼날이 되어 온몸을 사박사박 저며왔다.

나를 찾아 어디론지 떠나고 싶었다. 세상의 모든 것으로부터 탈출하고 싶었다. 내 어깨를 누르는 아이들도 떨어내고 나는 자유롭게 훨훨 날고 싶었다.

무작정 열차를 탔다. 목적지는 없어도 좋았다. 이 도시로부터, 내 푸른 젊음을 삼킨 이 회색의 도시로부터 탈출만 하면 되는 거였다.

바람을 안고 찾아간 바다는 태풍과 어우러져 몸부림치고 있었다. 흰 머리채를 흔들면서 파도를 부추겨 바위를 후려치고 있었다. 항상 나를 감싸줄 것 같던, 내가 상상했던 바다가 아니었다. 자제력을 잃은 바다는 토악질하듯 품었던 모든 것을 뒤집어 갯벌에 쌓인 삶들을 죽음의 색깔로 핥고 있었다.

나는 무서워 가까이 갈 수가 없었다. 그러나 새파랗게 칼날 세워 달려드는 파도에 바위는 꿈쩍도 하지 않고 거기 그대로 서 있었다. 아니 눈 깜박하지 않고 맞서서 싸우고 있었다.

지칠 줄 모르던 파도의 포효가 갈매기의 끼룩거리는 울음소리 속으로 묻혀들었다. 바위는 지치지도 않은 듯이 태연했다. 순간 가슴속 밑바닥에서 삶에 대한 애착이 스멀스멀 피어올랐다.

나는 누구인가? 가슴속에서 꿈틀대는 욕망의 정체는 무엇인가.

진정한 나의 모습은 한 장의 스냅 사진 속에 박힌 모습이 아닐 것이다. 점점 굵어지는 주름살 위로 함초롬히 자리잡는 또 다른 나의 모습, 가장 나다운 모습을 찾기 위해, 한 점 한으로 남아 있던 배움에 대한 열망을 채우기 위해 책가방을 챙겨야겠다고 생각했다.

저 멀리 까치노을 뒤로 뭉게뭉게 근심이 솟아났다. 아이들의 얼굴이 떠오르면서 마음이 먼저 회색도시로 달려가고 있었다.

돌아오지 않을 듯이 떠났던 나는 내 둥지로 다시 돌아왔다. 허망의 굴레를 벗어서 바다에 던져 버리고 딸에게 줄, 희망 닮은 소라껍데기 하나를 주워 주머니에 넣고 왔다.

역 구내를 나서면서 무심히 바라본 하늘에는 별이 총총히 빛나고 있었다.

산다는 것은 다 이런 건지도 모르겠다. 절망 속에서 골라낸 한 올의 꿈, 하고 싶은 일을 할 때의 가슴 벅찬 감동 때문에 딸아이와 함께 알파벳을 외우며 세상은 살 만하다고 느꼈다.

내 어깨를 누르던 아이들은 결코 짐이 아니라 무게에 비례한 희망이었다. 그 희망이 없었다면 나는 아마도 진즉에 쓰러졌을 것이다. 이제부터 내가 살아가는 이유는 그 희망에다 나의 참모습을 보태는 작업이 될 것이라 생각되었다.

베란다의 군자란이 볼에 바람을 넣은 듯 한껏 부풀어 있다. 도톰한 잎새 속에서 가녀린 꽃대가 올라올 때만 해도 꽃을 피울 수 있을까 했는데 물감을 칠한 것 같은 꽃망울이 나를 감격시키다 못해 아련한 아픔까지도 느끼게 한다.

몇 해 전, 선물받은 군자란은 햇볕을 제대로 받지 못해 조금씩 시들어가던 것이었다. 점점 생기를 잃어가면서도 끈질기게 뿌리 내리는 모습이 기특해서 새집에 와서는 베란다 한가운데에 자리를 마련해준 터였다.

영롱한 별무리를 이고 있는 군자란의 자태를 보면서 나도 지금 별을 담을 그릇을 만들고 있다. 아직은 서툴지만 언젠가는 내 마음을, 내 인생을 담을 수 있는 투명한 그릇이 완성되는 날을 위해 오늘도 바람소리에 귀 기울이고 푸른 하늘을 아파하는 가슴을 만들고 있다.

오늘따라 하늘에는 별이 유난히 빛나고 있다.

무명

호박빛으로 물들어가고 있는 가을 벌판이 맘씨 좋은 아낙네처럼 포근하다. 차창으로 스치는 햇살에 눈이 부셔 실눈을 뜨니 저만치 논두렁에 20여 명이 일렬로 앉아 새참을 먹고 있다. 똑같은 군청색 작업복에 노란 모자가 생경스럽게 다가온다. 그들은 여러 가지 이유로 사회에서 추방당한 자유가 없는 사람들이다.

찻길 옆 제법 넓은 논은 그들의 손으로 경작된다. 감독관의 감시 아래 10명씩 조를 짜서 일을 하는 사람들, 그들은 이른바 모범수들이다. 들일을 하는 사람들은 일이 힘들어도 높다란 담장 속에 갇혀 있는 것보다 바깥바람을 쏘일 수 있으니 다행이리라.

도로를 벗어나 솔밭 사이로 2백여 보 걸어가면 나오는 하얀 건물이 의정부교도소이다.

작년 겨울, 아침부터 불어대던 스산한 바람에 마음이 시려오던 날이었다. 내 삶이 갑자기 연민스럽고 올가미 같은 현실에 숨막히는 답답함이 느껴지던 날이기도 했다. 친구에게 잔뜩 찌푸린 날씨만큼이나 우울하다고 했더니 그는 아무 말 없이 변두리 쪽으로 앞장서서 걸었다. 내 울적함이 옮겨간 양 그도 말이 없었다.

얼마 후 우린 쭉쭉 뻗은 소나무 사이로 들어섰다. 시내에서 가까운 거리에 이런 솔밭이 있음에 나는 감탄했고 흐린 하늘을 올려다보며 눈이라도 내렸으면 했다.

날씨 탓인지 솔밭 길은 대낮인데도 컴컴하고 으스스했다. 나도 모르게 빨라진 발걸음으로 숲길을 벗어나자 겨울 벌판에 황량하게 서 있는 커다란 건물이 나타났다. 높다란 담장에 자유를 가두어 놓고 있는 감옥이었다. 나는 전율을 느끼며 우뚝 섰다.

흰색 건물이 회색으로 보일 만큼 가라앉은 하늘빛으로 더욱더 음산하게 보이는 건물을 바라보며 나를 이곳에 데려온 친구의 의도를 짐작할 수 없어 어리둥절했다. 그런 내 심경을 읽었는지 친구는 씨익 웃으며 옷깃을 당겼다.

우리는 교도소 담을 끼고 야트막한 산 쪽으로 돌았다. 거기에 벽돌 한 장 크기의 간판에 '無名'이란 두 글자가 허공에 외롭게 걸려 있었다. 눈여겨보지 않으면 무심코 지나칠 정도로 허술한 간판, 인적도 드문 이런 곳에서 하얀 바탕에 작은 글씨로 새겨진 무명을 보고 나는 조금 전 교도소를 봤을 때만큼의 충격을 받았다. 이름이 없다고?

이광수의 소설 〈무명無明〉에서도 이름 없는 사람들의 이야기가 나온다. 그들은 제각기 목청을 돋우어 자신의 죄를 변명한다. 사기꾼, 방화범, 공갈범들이 같은 감방 안에서 치부를 적나라하게 드러내 보이며 짐승처럼 으르릉거린다. 시간도 멈춘 좁은 공간, 삶의 의미를 잃어버린 그들은 오로지 서로의 상처를 할퀴는 것으로 살아 있음을 확인하며 하루 하루를 지우고 있다.

산자락에 안겨 있는 '무명'은 통나무로 지어진 카페였다. 짙은 커피 향기가 바람에 실려 왔다. 나는 카페주인이 왜 하필이면 교도소 옆에다 건물을 짓고 상호를 무명으로 붙였을까 궁금했다. 혹시 이광수의 소설처럼 교도소에 감금된 사랑하는 사람을 기다리며 조금이라도 그와 가까이 있고 싶어 이곳을 지키고 있는 것은 아닐까?

넋을 잃고 있는 나를 툭 치며 친구가 눈짓으로 입구를 가리켰다. 안으로 들어가는 입구는 등나무 터널로 되어 있고 그 아래에 수많은 빨간색 양초가 몸을 사르며 붉은 옥루를 떨구고 있었다. 친구와 나는 촛불 사이에 스민 어둠을 헤치고 현실을 넘어 사차원의 세계로 가듯 무명 속으로 들어갔다.

그곳에는 또 다른 무명들이 장작불 앞에 모여 앉아 있었다. 더러는 재를 다독이며 고구마를 굽고 더러는 차를 마시며 무슨 말인지를 열심히 하고 있었다.

제가끔 자기 말에 열중해 떠들고 있는 그들의 말소리를 아련히 먼 데 소리로 들으며 나도 웅크리고 앉아 불 속을 헤집었다.

내 이름은 무엇인가?

까마득해지는 기억의 상실감에 당황하며 농익은 연시 빛깔로 타오르는 불길을 바라보았다. 그 속에 있을 것 같은 내 이름을, 아니 우리의 모습을 골라내고자 오래오래 불을 뒤적였다.

우리도 또 다른 무명들이 아닐는지. 내게 이름 지워진 것, 사랑이란 명목으로 집착하는 내 이름조차도 어쩌면 아무 의미가 없을지 모른다. 교도소의 무명들이 뺑끼 통을 가지고 싸우고 자신의 죄를 상대 탓으로 돌리려 끊임없이 변명을 하듯이 나 또한 내 작은 위장을 채우려고 질투, 시기, 미움을 키우며 자신의 합리화를 위해 안면몰수하고 끝없는 변명을 늘어놓고 있는 것은 아닐까.

볼 붉어진 내 모습을 건너편 친구에게서 보며 나는 교도소와 무명의 상관관계를, 신체적인 자유가 없는 그들과 마음의 자유가 없는 나의 상관관계를 짚어 보았다.

모레쯤 날씨가 화창하면 아직도 풀지 못한 과제를 위해 교도소를 앞을 지나 '무명'에 한 번 가봐야겠다.

사는 게 나은 이유

내가 그녀를 다시 본 것은 구족화가들의 카드 판매 안내서에서였다. 두 팔이 없는 그녀가 발가락 사이에 붓을 끼워 그림을 그리는 모습이었다. 그녀가 그린 카드 한 장을 들고 바라봤다. 분홍빛 배경 너머에서 20여 년의 세월이 달려와 내 눈 속으로 가슴속으로 파고든다.

그때가 봄이었던가, 아님 가을이었을까? 하지만 그건 그리 중요하지 않다. 봄인지 가을인지 모를 그날 중요했던 것은 우리가 귀를 대고 먼 곳의 소리를 가슴 설레며 듣던, 두 팔을 벌리고 올라서서 기우뚱거리며 걷던 철로가 열차와 작당을 하여 그녀의 두 팔을 앗아가 버린 것이었다.

안집 언니에게 업혀 철길 너머 들일 나간 엄마에게 갔다 오던 그녀는 사고를 당했다. 철로를 따라 걷다 가까이 온 열차를 뒤늦게 발견한 언니는 경황중에 등에 업힌 아이를 떨어트렸고 아이는 철거덕거리며 달리는 열차에 깔려버렸다. 그 사고로 그녀는 목숨은 건졌지만 두 팔을 잃었다.

"죽능 게 낫지, 살아서 뭐 하겠노?"

어른들의 수군거림 속에서 반쯤은 호기심으로 퇴원한 그녀를 보기 위해 기웃거리던 나는 그녀를 볼 수 없었다. 그녀를 보는 대신 내가 들을 수 있었던 것은 골방에 처박혀 소리치던 그녀의 울부짖음이었다.

"내 팔 내놔, 내 팔……."

괴기영화의 한 장면이 연상되어 도망치듯 돌아서는데 어스름 달빛에 내 그림자가 먼저 달아나고 있었다.

몇 해가 흐른 뒤 나는 어린이 잡지에서 그녀가 발가락 사이에 붓을 끼워 수묵화를 그리고 있는 사진을 보았다. 수묵화 여백만큼의 눈물도 함께 보았다. 그 모습은 죽는 것보다 사는 게 나은 이유를 작은 몸뚱이 전체로 절절하게 보여주고 있었다.

많은 시간이 흐른 지금도 그녀는 예전과 똑같은 자세로 그림을 그리고 있다. 오랜 세월 비바람에도 끄떡없는 바위처럼 웅크리고 앉은 그녀의 모습이 점점 거대해진다.

사람들은 남의 중병이 내 고뿔보다 못하다고 흔히 얘기한다. 정말 그럴지도 모른다. 사지 멀쩡한 나는 그동안 그녀를 까마득히 잊고 살아왔다. 부딪히는 사소한 일들에 곧잘 절망하고 방황하면서 세상의 고뇌는 나 혼자 다 짊어진 양 때로는 죽음의 강렬한 유혹을 받기도 했다. 자기 목숨이라고 스스로 포기할 수 없는 그 쉬운 명제도 몇 번의 시행착오를 겪고 난 뒤 깨닫게 되었다.

어쩌면 나는 한 떨기 민들레이기보다는 온실 속의 한 송이 양란이기를 바랐던 것은 아닐까? 또한 그녀는 장애인이었지 불구자는 아니었지만 나는 장애인이 아닌 반면 불구자가 아니었을까.

조금만 눈여겨보면 우리 주위에는 신체의 장애를 무릅쓰고 어려움 속에서 꿋꿋이 자신의 삶을 개척해 나가는 사람들이 많다.

그녀만 해도 그렇다. 그녀에게는 손 있는 우리가 상상도 할 수 없는, 발가락 사이에 붓을 끼우는 작업부터가 얼마나 심혈을 기울여야 하는 고통인가. 그러니 그림을 그리는 과정은 말해 무엇 할까. 성한 사람보다 몇백 갑절의 피와 땀으로 얼룩진 그녀의 그림은 그림이 아니고 뜨거운 혼의 응결체인 것이다. 더구나 오른손을 묶어두면 왼손으로는 아무것도 할 수 없는 내게는 상상 밖의 일일 뿐이다.

또 한 사람의 그녀를 만나게 된 것은 내가 다니던 방송대 출석수업에서다. 뇌성마비를 심하게 앓은 듯한 그녀는 뒤틀린 얼굴과 몸짓으로 내 옆에 앉아 교수님의 강의를 열심히 듣고 있었다. 볼펜을 잡은 손이 첫돌된 내 조카녀석보다 더 엉성했지만 글자 한 자를 쓰기 위해 온몸으로 심혈을 기울이는 모습은 충분히 아름다워 보였다.

방송대에는 해마다 많은 사람들이 입학을 한다. 대부분 늦깎이인 경우가 허다하나 처음 시작할 때의 열정만 가지고는 학습진도를 따라가기 어렵고 의외로 학점 따기도 쉽지 않아 중도탈락자들이 많다. 출석수업할 때나 시험기간일 때면 주인 없는 빈자리가 남아 있는 우리를 안타깝게 만든다.

나 역시 탈락의 고비를 여러 번 맞았다. 그러나 매번 강의실에 들어서다 마음대로 움직여 주지 않는 안면근육을 가지고 애써 웃음을 만들고 있는 그녀와 눈이 마주치면 내 가슴에는 잔잔한 파문이 일면서 용기가 솟곤 하였다. 정상인들도 어렵다고 쉽게 포기하는 자리에 끝까지 고군분투하는 그녀의 모습은 씨만 땅에 닿으면 기어코 꽃을 피우는 엉겅퀴만큼이나 강인해 보였다.

발가락에 붓을 끼워 그림을 그리는 그녀. 웃음도 애써 만들어야 하는 또 다른 그녀. 이미 그녀들은 죽는 것보다 사는 게 나은 이유를 그렇게 몸으로 말해 주고 있었다.

나름대로 나도 열심히 살아왔지만 그것 자체가 그녀들 앞에서는 보잘것없는 자만이 아닌지. 나는 성한 몸을 가지고도 자주 좌절하였을 뿐 그녀들만큼 몸 전체로 사는 삶을 살지 못했으므로…….

입장을 바꾸어 보니 지금의 내 난관은 그들이 처한 고난에 비하면 너무나 아무렇지 않게 헤쳐나갈 일인 것이다.

엄마의 자궁에서 수많은 경쟁자들을 물리치고 하나의 목숨으로 태어난 것은 얼마나 축복받고 선택받은 일인가. 그러니 이 세상에 존재한다는 자체 하나만으로도 긍지를 가지며 살아야 하지 않을까. 더구나 살아가면서 그것이 예술이든 노동이든 뭔가를 할 수 있다는 것은 또 얼마나 보람된 일인가.

갯바위의 사랑

안국동 로터리를 지나 인사동 쪽으로 들어서면 느티나무가 서 있습니다. 그 아래에서 이야기를 나누는 사람들의 모습이 정다워 보입니다. 일행이 있을 경우 가끔 나도 이곳에 앉아 느티나무 사이를 비집는 하늘을 바라보기도 하지만 혼자서는 쓸쓸해 보일까 싶어 그냥 지나갑니다.

코너의 빵집을 끼고 돌면 오른쪽으로 찻집 '우천又泉'이 있습니다. 이곳에서 누군가를 기다립니다. 약속 없는 막연한 기다림은 가슴 저미는 안타까움을 동반하지만 싸아한 느낌 뒤에 오는 애절함이 있어 나는 이런 기다림을 좋아합니다.

한지를 바른 완자창 너머로 노란 은행잎이 손 뻗으면 잡힐 듯하게 다가서 있습니다. 벽에 걸린 다식판과 발재봉틀이 추억을 불러일으키는 '우천'은 누군가를 기다리기에 알맞은 곳입니다.

출입문이 몇 번 열렸다 닫혔지만 낯익은 얼굴은 보이지 않고 나는 습관적으로 시계를 들여다봅니다.

'시계가 고장인가?'

물끄러미 벽에 걸린 시계를 확인하다 일어섰습니다. 약속을 한 적이 없으므로 기다리는 사람은 오지 않을 것입니다.

모깃불에 달 끄스를라
달새는 달만 생각한다
나에 남편은 나무꾼
향기를 찾는 사람들
흐르는 물처럼
오! 자네 왔는가…….

간판들만으로도 훌륭한 詩 한 편이 될 것 같습니다. 그래서 이 거리를 걸으면 시의 바다를 헤매고 있는 듯합니다. '고촌화방' 앞에서 발길을 멈추었습니다. 그곳에 바다가 있습니다. 짙은 청빛의 파도가 크르릉거리며 내게로 달려드는 착각에 나는 눈을 감습니다.

가만히 귀를 곤두세우고 포효하는 바다의 소리를 듣습니다. 가슴으로만 들을 수 있는 갯바위의 살을 깎는 사랑 이야기가 들려옵니다.

갑자기 마음이 울적해지면 미지의 먼 곳 어디쯤에서 자석으로 끌어당기는 것 같아 떠나고 싶을 때가 종종 있습니다. 하지만 일상이라는 틀을 깨트리고 떠난다는 게 어디 그리 쉬운 일이던가요? 욕구를 억누르며 참을 수밖에.

눈이 흩뿌리던 어느 겨울날 그가 나를 옆자리에 말없이 태웠습니다. 눈꽃이 흩날리는 산야를 가로질러 간 곳은 멀리 서해바다 안면도 송림을 지나 막다른 포구였습니다.

음산한 계절과 날씨는 포구를 더없는 적막으로 감싸고 있었고 바다에 접해 있는 횟집만이 을씨년스럽게 웅크리고 있었습니다. 눈은 어느새 그쳐 있었습니다만 하늘은 여전히 어두웠습니다. 그와 나는 꼭 필요한 몇 마디의 말을 빼고는 내내 침묵했습니다. 말없음으로 서로의 마음을 전달할 수 있다면 구태여 말은 필요치 않습니다.

강한 바람을 등지고 비릿한 갯내음을 맡으며 포구를 거닐었습니다. 일렁이는 바람에 어둠이 안개처럼 솟아오르고 있어서일까요? 한 발 앞서 걷는 그의 뒷모습이 왠지 쓸쓸해 보인다는 생각이 들었습니다.

"저어기……."

우뚝 멈춰 선 그가 가리키는 바다를 향해 섰습니다. 그 순간 수평선에 걸린 희미한 해가 구름 사이로 살짝 보이는가 싶더니 바다의 색깔이 일시에 바뀌고 있었습니다.

내 기억의 창고에 저장되어 있는 낙조의 빛깔이 아니었습니다. 붉은빛이 아닌, 어찌 보면 보라색과 회색의 중간쯤인 듯한, 이 세상 어느 색깔로도 표현할 수 없는 신비스런 색깔이 하늘을 물들이고 바다를 물들였습니다.

어둠에 스며드는 음영 짙은 바다의 색깔. 음울한 느낌의 공포와 신비한 색깔의 환희 앞에서 나는 몸을 부르르 떨었습니다. 목울대 너머로 터져나오는 신음을 어금니로 지그시 누르며 막연히 사랑의 빛깔, 사랑의 느낌이 이럴 거라는 생각을 했습니다.

그런데 그때, 그 신비한 빛깔이나 느낌보다 내게 더욱더 충격적으로 다가오는 것이 있었습니다. 그것은 모든 것을 숙명처럼 받아들이고 바라보고만 서 있는 갯바위였습니다. 바다를 향한 사랑을 단 한 마디도 표현할 수 없는, 자기 스스로는 단 한 걸음도 사랑하는 이를 향해 다가갈 수 없는 비련의 사랑.

내 사랑 바다, 그가 다가와 주기를 애타는 그리움으로 기다릴 수밖에 없는 갯바위의 사랑. 갯바위의 막연한 기다림은, 간절한 그리움은 자신의 몸이 스러져 없어질 때까지 지속될 것입니다.

눈앞에 그리운 사람을 두고도 결코 자의적으로 움직일 수 없는 그의 사랑이 안타까웠지만 그것이 숙명이라면 나 또한 바위가 되어도 좋다고 생각했습니다. 그 순간 왜 그런 터무니없는 생각이 들었을까요?

그날 우리를 그곳으로 강하게 끌어당겼던 그 무엇이 운명처럼 그렇게 나를 갯바위로 만들었습니다.

'크르릉…….'

파도소리에 화들짝 놀라 눈을 뜨니 보도에 우수수 노란 은행잎이 떨어지고 있습니다. 고촌화방의 바다 그림이, 가로수를 감싸고 돌던 바람이 나를 다시 현실의 바다로 이끌어들였습니다.

가을입니다.

길들여진다는 것은

길들여진다는 것은 슬픈 일이 아닐는지요.

몇 달 전 아이들과 가까운 냇가로 물놀이를 갔습니다. 무릎 정도 되는 얕은 물에 송사리들이 몰려다니고 있었습니다. 떼를 지어 다니는 송사리를 눈으로 좇던 나는 세월 속에 남아 있는 진한 그리움의 회상 속으로 거슬러 올라갔습니다.

그곳에는 열 살 남짓의 한 소녀가 아른거렸습니다. 테가 얼기설기 빠진 대나무 소쿠리를 수초가 하늘거리는 개울섶에다 대고 소녀가 발을 구르고 있었습니다. 바닥서부터 피어오르던 초가집 굴뚝의 연기처럼 흙탕물이 일어나면 얼른 소쿠리를 들어 확인하는 소녀가 보였습니다. 소녀는 코고무신에다 송사리를 담아 들고 맨발로 돌아가면서 어깨를 으쓱였습니다.

나는 호기를 부렸습니다. 도시에서만 자란 내 아이들과 장

난스레 플라스틱 소쿠리를 들고 물 속으로 들어갔습니다. 고무신이 아닌 구두를 벗어두면서 나이까지도 그 위에다 포개어 얹어두고 말입니다.

어설프게 발을 구르고 듬뿍 길어올린 물을 흔들어 뺐습니다. 다음 순간 소쿠리 안에서 토닥이는 은빛 물고기가 나를 그 또래 작은 아이로 머물게 했습니다.

한참을 신나게 개울물을 꾸정거린 우리는 선택의 기로에 섰습니다. 몇십 마리는 될 듯한 오골거리는 물고기에 홀려 욕심이 생겼던 것입니다.

"거참, 매운탕 끓여 먹으면 좋겠습니다."

"세상에, 매운탕이라니요?"

옆에서 구경하면서 훈수하는 초면인 남정네를 야만인 쳐다보듯 하였습니다. 그것들을 넓은 곳에서 자유롭게 두지를 못하고 내 추억을 곱씹고자 바투 들고 오는 나야말로 야만인이 아니겠습니까만 그 정도는 눈 질끈 감았습니다.

나는 그들을 위하여 궁전을 짓기 시작했습니다. 커다란 고무 함지박에 돌과 모래를 씻어 넣었습니다. 물레방아와 분수대를 설치하고 옥잠화를 띄우고 끝으로 물고기를 넣으면서 나는 꿈을 꾸었습니다.

'이제 너희는 행복해지는 거다.'

그들은 새 보금자리에 들어가자 각자 숨어 버렸습니다. 그날 이후, 나는 내 꿈동산 앞에 턱 고이고 앉는 시간이 길어졌지만 그들은 나에게 경계를 품고 단 한 마리도 얼쩡거리지 않았습니다. 그래도 나는 그들을 고향으로 돌려보내지 못했습니다.

물고기와 나는 조금씩, 조금씩 길들이기를 시작했습니다. 하루도 거르지 않고 먹이를 주면서 쪼그리고 앉아 나는 인내로 버텼습니다. 그들도 만만치 않았습니다. 결코 내게 곁을 주지 않았으니까요. 내가 있는 동안은 먹이를 주어도 나오지 않고 숨어 있다가 내가 그곳을 떠난 뒤에야 아주 조심스레 먹이를 먹고는 하였습니다.

그러나 나는 포기하지 않았습니다. 정성을 들이다 보면 마음과 마음은 결국 통하는 거니까요.

오늘, 삐걱이는 물레방아 소리에 끌려 전날과 같이 쪼그리고 앉는 나를 향해 한 마리 은빛 물고기가 떠올랐습니다. 조그만 입을 뻐끔거리면서 나를 향해 말입니다.

제 기분이 어땠는지 아시겠어요?

그건 기쁨만은 아니었습니다. 그 순간 언젠가 동물원에서 본 흰곰이 생각났습니다. 조련사의 구령에 맞추어 큰 몸을 기우뚱거리며 앞발을 차례로 들어 재주를 부리던 흰곰의 모습이 왜 떠올랐을까요. 동물원에서 느끼던 애련함, 풋풋한 야성을 잃어버린 흰곰의 눈에서 전해지던 짠한 느낌을 나는 오늘 내 작은 연못에서 느낍니다.

길들여진다는 것은 무엇일까요?

길들여진다는 것은 서로에게 낯을 익힘으로 해서 익숙해지는 것이 아닐는지요. 그러고 보면 내게는 낯익은 게 많습니다. 그것들은 생명이 있는 것도, 생명이 없는 것도 있습니다. 그들은 나와 맺어진 의미가 있으므로 존재합니다.

나를 향해 입을 뻐끔거리는 은빛 작은 물고기가 동화 속 '어린 왕자'의 여우가 되어 내게 속삭입니다.

"길들인다는 것은 '관계 맺음'이야."

그들의 대화가 생각납니다.

"넌 아직까지 세상에 다른 수많은 아이들과 다를 게 없어……. 그러나 나를 길들인다면 서로서로 필요하게 돼. 너는 나한테 이 세상에 단 하나밖에 없는 것이 될 거야."

여우의 말에 왕자가 고개를 끄덕입니다.

"알 수 있을 것 같아. 꽃이 하나 있는데 그 꽃이 날 길들였다고 생각해."

그렇습니다. 어린 왕자가 사랑한 장미는 단 한 송이였습니다. 똑같이 생긴 많은 장미 중에서도 그가 물을 주며 긴 시간을 두고 정성을 들인 장미는 한 송이뿐이었던 것입니다. 우리는 많고 많은 것 중에서 나와 특별한 인연이 있는 것들과 길들이기를 하면서 살아갑니다. 때로는 그것으로 인해 벅찬 희열과 아릿한 슬픔을 느끼면서 말입니다.

군청색 바탕에 복사꽃잎 무늬가 새겨진 조약돌이 하나 있었습니다. 복사꽃잎 무늬가 추억이 스쳐간 자리 같아 볼수록 새록새록 정이 솟던 돌멩이였습니다. 그 돌을 잃어버리고 소리 죽여

울던 때가 있었습니다. 그 조약돌은 돌아올 수 없는 먼 길을 떠난 친구가 두고 간 유일한 정표였기 때문입니다. 다시금 비슷한 돌을 주워왔지만 상실의 아픔을 지울 수는 없었습니다.

그처럼 살아간다는 것은 서로 간의 관계 맺음만으로 끝날 수 없지 않습니까. 그냥 스쳐지나 갔으면 아무렇지 않을 일이 길들음의 기쁨 뒤에 오는 이별이나 상실로 인해 슬퍼지기도 합니다.

물고기가 먹이를 날렵하게 받아먹고 은빛 지느러미를 나폴거리며 유유히 헤엄을 칩니다. 이제 그들에게 나는 공포의 대상이 아닙니다. 우리들의 길들이기는 끝났으니까요.

그들은 길들여짐의 대가로 그들만의 풋풋한 야성을 잃어버리고 내 그림자에 따라 움직입니다. 나 또한 그들을 책임져야 할 마음의 짐을 하나 더 만들었습니다.

저들은 지금 행복할까요?

먹이를 주고 산소를 공급하고 사랑을 주는 나를 향해 떠오를 때마다 그들은 행복을 느낄까요. 그럴 거라고 억지 쓰고 싶은 내 마음에 짠한 안타까움이, 저들이 살던 개울가에서 피어오르던 물안개와 같은 것은 왜일까요.

■ 작가 연보

- 1958 경북 예천군 하리면 출생
- 1961 경남 창원군 내서면 합성리(마산시 합성동)에서 성장
- 1969 창원군 교육청 주최 백일장 장원(산문)
- 1972 서울로 이주
- 1992~1996 한국방송통신대학교 국문학과 입학 및 졸업
- 1993~현재 한양수필문우회 동인(≪한양수필≫ 제3~20집)
- 1995 월간 ≪수필문학≫으로 등단
- 1996~2006 수필문학사 편집부장
- 1997~2006 한국수필문학가협회 사무국장
- 1998 한국문인협회 회원
- 2000 국제펜클럽 한국본부 회원
- 2002~2003 국민일보 〈여의도 에세이〉연재
- 2003 제13회 수필문학상 수상
- 2004~현재 ≪월간문학≫ 편집위원
- 2005 한국여성문학인회 회원
- 2007~현재 도서출판 소소리 대표
- 2009 '수필 속의 부채전'(문학의 집 · 서울)

■ 수필집

- 1999 ≪별이 빛나는 하늘≫
- 2003 ≪폴라리스≫
- 2007 ≪속절없다, 시린 꽃빛아≫
- 2009 ≪부챗살 나들이≫

현대수필가 100인선 · 93
우희정 수필선

하늘과 바다와 세상의 꿈

초판인쇄 | 2011년 8월 8일
초판발행 | 2011년 8월 12일

지 은 이 | 우 희 정
펴 낸 이 | 서 정 환
펴 낸 곳 | 좋은수필사

주 소 | 서울시 종로구 익선동 30-6
운현신화타워 빌딩 3층 305호
전 화 | 02)3675-5635, 063)275-4000
등 록 | 1984년 8월 17일 제28호
홈페이지 | http://www.shin-a.co.kr
e-mail | essay321@hanmail.net

값 7,000원

ISBN 978-89-5925-362-3 (04810)
ISBN 978-89-5925-247-3 (전100권)